Der kleine Hey

Die Kunst des Sprechens

Nach dem Urtext
von Julius Hey

Neu bearbeitet
und ergänzt
von Fritz Reusch

SCHOTT
Mainz · London · Berlin · Madrid · New York · Paris · Prague · Tokyo · Toronto

Studienbuch Musik

Bestellnummer: ED 8702

Printed in Germany · BSS 39 308
ISBN 3-7957-8702-5

Vorwort des Herausgebers

Als Julius Hey um die Jahrhundertwende sein dreiteiliges Werk »Deutscher Gesangsunterricht« herausgab, konnte er kaum ahnen, daß dieses Lehrbuch, wenn auch in verkürzter Form, einen Siegeszug durch alle Lande antreten sollte. Hey hatte seine Lehrweise ursprünglich nur für seinen Schülerkreis und zudem als reine Gesangslehre entwickelt. Erst die Verantwortung gegenüber der oft fehlerhaften Aussprache bei Schauspielern und Sängern veranlaßte ihn, seinem Hauptwerk einen »Sprachlichen Teil« anzufügen.

Es bezeugt die Richtigkeit dieses Lehrweges, daß gerade dieser Teil unter dem Namen »Der Kleine Hey« das Standardwerk für Sprecherziehung geworden und dies in größter Auflage bis heute für die sprechtechnische Ausbildung der »Schauspieler, Redner, Geistlichen, Lehrer und Sänger« geblieben ist. Die Lehrweise Heys erfaßt die *elementaren Grundlagen* der »Kunst des Sprechens« so allgemeinverbindlich, daß sie ebenso als das fundamentale Lehrbuch für die Nachwuchsschulung der Rundfunksprecher, Telefonistinnen und der Berufsredner innerhalb der Organisationen – also für die mehr praktische Rhetorik – benutzt wird. Nicht zuletzt bietet sie eine wertvolle Hilfe für den Unterricht in der Schule wie auch für das private Selbststudium.

Zwar ging die von Fritz Volbach besorgte Neuausgabe (1912) inhaltlich auf den »Sprachlichen Teil« Heys zurück, es erfolgten jedoch, außer den notwendig gewordenen Umarbeitungen der stimmphysiologischen Grundlagen, eingreifende Abänderungen des Originals, vor allem im Hinblick auf die Lautordnung und die Auswahl der Kapitel. Diese sachlichen Gründe waren maßgebend, die vorliegende Neubearbeitung dem Urtext wieder anzugleichen. Julius Hey begründete seine Lautordnung ausdrücklich durch den »organischen Zusammenhang« ihrer phonetischen Bildung (bis in die Phonationsstellungen hinein); außerdem fanden sich wertvolle, gerade in unserer Zeit wieder gültige sprachwissenschaftliche Erkenntnisse, die Julius Hey, neben seinem umfassenden physiologischen Sachwissens, zum unbestrittenen Altmeister der Sprecherziehung machen. Auch das in Vergessenheit geratene Kapitel über »Die sprachliche Tonbildung«, das unter dem Titel »Die Stimmprüfung« erstmals wieder veröffentlicht wird, schien der Wiederaufnahme wert.

Trotzdem war eine eingehende Neubearbeitung bzw. Ergänzung der bisher vorliegenden Ausgaben notwendig. Sie geschah im Hinblick auf die wissenschaftliche Weiterentwicklung der Stimmphysiologie und Phonetik sowie auf den künstlerischen Auffassungswandel der Redekunst und Sprechgestaltung. Insbesondere sind die beiden Kapitel über »Rhythmus und Dynamik in der Sprache« und »Übungsliteratur für den Unterricht« umgestaltet worden. Ergänzend hinzugekommen ist der neue Beitrag über »Das Stimmorgan« (Atmung, Tönung, Lautung).

Die schwierigste Frage war, ob die bekannten und bewährten »Sprechverse« beibehalten oder durch neue ersetzt werden sollten. Mögen sie auch hie und da als »mechanisch« empfunden werden und dem Prinzip der »Ganzheitsmethode« im Unterricht widersprechen, so begründet Julius Hey ihre Verwendung mit folgenden Worten: »Bei den Übungsversen konnte durch die Häufung tautophoner (vokal- und konsonantengleicher) Wortbildungen eine gewisse Monotonie des mehr mechanischen Vortrages nicht vermieden werden. Die Erfahrung hat aber gezeigt, daß die phonetisch einwandfreie Aussprache nur durch äußerste Konzentration auf die Lautbildung zu erreichen ist. Jeder Versuch, gleichzeitig damit ein Kunstwerk dichterisch zu gestalten, wäre, abgesehen vom Mißbrauch des künstlerisch Geschaffenen, rein übungsmäßig kaum zu bewältigen und würde vom Erlebnis der elementaren Lautgebärde nur ablenken.« Gerade in diesen »Sprech-Etüden«, die vom Phonetischen der Lautgebärde her gesehen zweifellos genial konzipiert sind, liegt das Typische und Wertvolle des »Kleinen Hey«; um dieses Bewährten und Vertrautgewordenen willen sind sie in der nahezu ungekürzten Fassung beibehalten worden.

Und damit noch ein letztes Wort über den Gebrauch des »Kleinen Hey«. Dieses ausgesprochene Lehrbuch ist weniger zum Durch*lesen* als zum kapitelweisen Durch*arbeiten* bzw. zum Nacharbeiten und Nachschlagen geschrieben worden. Man gehe daher mit Sorgfalt, Fleiß und Geduld und nicht problematisch und reflektierend an die Arbeit, greife einzelne Abschnitte oder Laute heraus und lasse sich von den eingehenden Beschreibungen führen. Der originale Text ist vielfach so anschaulich geschrieben, daß sich schon beim Lesen die richtigen Artikulationsbewegungen von selbst einstellen. Erkennt der Lesende zudem noch die Vielfalt der von Hey gebotenen Anregungen und Wissensgehalte, dann wird er mit Ehrfurcht die ungeheure Kleinarbeit dieses einzigartigen und menschlich so sympathischen Lehrmeisters dankbar zu schätzen wissen.

Unsere Zeit ist schnellebiger als die damalige. Wir erwarten oft nur »Rezepte«, die möglichst rasch zum Erfolg führen. Was uns aber, gerade im Hinblick auf »Die Kunst des Sprechens«, nottut, ist die Besinnung auf das Geistige, die Liebe zur Sache und ein lebendiges Spüren der Sinne für das im Wortelement Wirksame. Nur auf diese Weise kommt unsere Zeit, über das Zweckhafte der Umgangssprache und deren drohenden Verfall hinaus, wieder zu einer Kultur des Wortes.

»So wie die Dichtkunst schöpferisch gestaltetes Wort ist, so sind auch die Elemente des Wortes, die Laute, geistigen Ursprungs. Als solche sind sie ›Zeichen‹ einer dem Geistigen immanenten Ordnung, in der auch der Mensch lebendig steht.

Die Kunst des Sprechens ist mehr als nur die Bildung von Vokalen und Worten. Sie ist ein Aufnehmen, ein Innewerden von Kräften, die dem Menschen durch seine Stimme zuströmen. Sprech-Erziehung heißt: dem inneren Sinn und Gesetz der Sprachelemente bis zur Wurzel nachzuspüren, um darin die Wahrheit und Schönheit des Sprachkunstwerkes erkennen und erleben zu können.«

Fritz Reusch

Inhalt

Die Stimmprüfung

STIMMFEHLER UND STIMMHILFEN

Jeder Sprecherzieher sollte nicht nur vor der ersten Unterrichtsstunde, d. h. ehe er mit einem neuen Schüler zu arbeiten beginnt, sondern auch von Zeit zu Zeit als Kontrolle eine eingehende Prüfung der ihm anvertrauten Stimme vornehmen. Er gewinnt dadurch Klarheit über Ziel und Weg seiner Lehrweise und findet den richtigen Ansatzpunkt, um die individuelle Stimmveranlagung des Schülers aus den natürlichen Gegebenheiten am besten entwickeln zu können.

Diese Forderung gilt in fast noch höherem Maße für jeden, der den »Kleinen Hey« zum Selbststudium benutzen will. Zwar ist es, besonders für den Anfänger, nicht leicht, seine eigene Stimme zu beurteilen, d. h. etwaige Stimmhemmungen zu konstatieren und dementsprechend zu korrigieren. Man lernt dies am besten durch eingehende Selbstbeobachtung, und zwar unter Gesichtspunkten, wie sie im folgenden als »Stimmhilfen« gegeben werden. Denn nur so gewinnt der Sprecher allmählich einen objektiven Eindruck von seiner Stimme und befreit sich vom Befangensein und, was noch schlimmer ist, vom »Verliebtsein« seinem eigenen Stimmklang gegenüber.

Mag es auch das Ziel jeder Stimmerziehung sein, das »Persönliche« eines Menschen durch seine Stimme zum Ausdruck kommen zu lassen, so steht sie zunächst doch vor der praktischen Aufgabe, auch bei unzureichender Beschaffenheit des Organs die Tonerzeugung wie auch die Tonbildung so weit zu fördern, daß Stimmfunktion und Sprechweise technisch und künstlerisch allen Anforderungen gerecht werden können.

Dabei ist unter Tonerzeugung im folgenden alles das zu verstehen, was die Voraussetzung zu einer natürlichen und gesunden Stimmfunktion bildet: die Atmung und die damit verbundene Zwerchfelltätigkeit, das lockere Muskelspiel des gesamten Körpers, vor allem des Stimmorgans, und nicht zuletzt der einwandfreie Stimmbandschluß. Tonbildung dagegen umfaßt die vielseitige artikulatorische Arbeit innerhalb des Ansatzrohres: Weitung des Schlundraumes, Öffnen der Resonanzen, Registerausgleich als Grundlage einer tonlich vollklingenden und klaren Vokalisation und Artikulation.

Man könnte diese beiden Hauptaufgabengebiete der Stimm- und Sprecherziehung unter die Leitworte »Luft und Raum« stellen. Denn nur durch das Bereitmachen und die Pflege dieser beiden wichtigsten Voraussetzungen wird der nötige Stimmklang erst geschaffen und gestärkt, damit er für die Sprechgestaltung, besonders wenn sie beruflich ausgeübt wird, ausreicht.

Zweifellos kann auf Grund methodisch richtiger Anleitung jedes Sprechorgan bis zu einem gewissen Grad der Klangvervollkommnung gebracht werden. Unüberwindliche organische Fehler dürfen freilich nicht vorhanden sein: z. B. Stimmbänder mit Wucherungen, chronische Anschwellung der Weichteile im Schlund oder verstopfte Nasenwege (Polypen) usw. Alles andere, d. h. nicht organisch Bedingte, ist zu korrigieren. Sogar bei ungünstigstem Stimmbefund (heiseres oder tonloses Sprechen) kann eine kräftige und modulationsfähige Stimme allmählich entwickelt werden.

Um zu erkennen, wo die Natur aufhört und die Unnatur beginnt, gehe man beim Unterricht zunächst vom normalen Sprechton (Eigenton) des Schülers aus. Man lasse ihn ein einfaches Gedicht, das keine merkliche Hebung und Senkung der Stimme erfordert, oder auch einen Prosatext sprechen. Das zuverlässige Ohr des Lehrers wird dabei bemerken, wie es um die Atmung bestellt ist und ob eine natürliche Vokalaussprache vorhanden ist oder nicht. Die Bildung der Konsonanten, die meist unzulänglich ist, kann zunächst noch außer Betracht bleiben, es sei denn, organische Sprachfehler beeinträchtigen die Artikulation.

Noch eindeutiger läßt sich die natürliche Beschaffenheit des Organs beurteilen durch Sprechübungen auf den drei Grundvokalen: A, U und I. Sie sollen langsam, mehrmals und im Wechsel von laut und leise gesprochen werden. Für den Vokal A wähle man den Sprechvers: *Barbara saß nah am Abhang* (S. 21), oder, abwechselnd zwischen A und E: *Nah dem Hage Tannen schwanken* (S. 21). Für U und I eignen sich am besten: *Unter dunklen Uferulmen* (S. 33) bzw.: *Spitzfindig ist die Liebe* (S. 27).

Schon hier erkennt man, bei welcher Lautstärke und unter welchen sonstigen Vorbedingungen die Klang- und Vokalerzeugung am günstigsten ist. Will man noch die Anspruchsfähigkeit des Organs bei raschem Vokalwechsel mit schwierigen Konsonantenanhäufungen prüfen, so lasse man kurze Sätze etwa in folgender Art sprechen: *Kurt wacht nicht; Wicht huscht nachts; Waldpracht lugt durchs Zwielicht.*

Hat man nun festgestellt, welcher Vokal der natürlichen Klangäußerung am meisten entgegenkommt, so festige man den sog. »Normalton«[1]), d. h. den auf dem physiologisch-phonetischen »Nullpunkt« (bei völlig gelöstem Stimmorgan) gebildeten Vokal, der gleichsam »absichtslos« erklingen muß. Man nennt diesen Normalton auch die »Indifferenzlage«, von der Fritz Schweinsberg sagt: »Alle stimmtechnische Arbeit ... muß von der Indifferenzlage ausgehen. Das ist jener Tonbezirk, der bei geringstem Energieaufwand erzeugt wird. In ihm und um ihn herum bewegt sich die natürliche Sprechtonlage des Menschen.«

Gerade diese für den Anfang so wichtige Sprechweise fällt dem Schüler oft schwer; sie vermittelt aber, etwa durch aneinandergereihte Silben: *la-la-la*

---

1) Vgl. die näheren Ausführungen über Naturton, Normalton und Idealton auf S. 87.

oder *na-na-na*, am ehesten die indifferente, ruhige Stellung des Kehlkopfes sowie der übrigen Organe.

Sind mit dieser ersten Eignungsprüfung die individuellen Stimmvoraussetzungen festgestellt, dann erhebt sich die Frage: Womit hat der Unterricht nun zu beginnen? Man vergesse nie, daß auch ein wohlklingendes Organ niemals so gefestigt und widerstandsfähig ist, um den gesteigerten Anforderungen einer gesicherten Berufs- oder Kunstsprache standhalten zu können. Der Registerausgleich, die natürliche Erweiterung der Ausdrucksfähigkeit, die Kräftigung der Vokalbildung durch Öffnen der Resonanzen – also alles das, was zur dynamischen Schattierung des Vortrages erforderlich ist, läßt sich nur durch sorgfältige Auswahl des Unterrichtsstoffes und durch immer wiederholtes, richtiges Üben erreichen.

Um dem Lehrer hierbei die Wahl des rechten Weges zu erleichtern, sollen im folgenden die wichtigsten Stimmfehler und Stimmhilfen in der Form von Frage und Antwort behandelt werden:

Frage 1: Was soll geschehen, wenn das Organ zu schwach oder die Tragfähigkeit der vokalen Klangäußerung zu gering erscheint, um einen größeren Raum stimmlich ausfüllen zu können?

Antwort: Bei einem zu schwachen oder zu wenig tragfähigen Organ sind vor allem die Ursachen zu klären, die die Entfaltung des Sprechtones behindern. Bei weiblichen Stimmen z. B. ist es in den meisten Fällen das Sprechen auf dem widerstandslosen Mittelregister, das bei entsprechender Klangsteigerung nicht selten (durch Mangel an resonanzfähiger Kopfstimme) kreischend und doch dünn und ausdruckslos wirkt. Ebenso verhindert eine schwächliche oder ungeordnete Atmung den kraftvollen, weittragenden Ton.

Hier hilft nur tiefgehende, energische Einatmung (Zwerchfell-Flankenatmung!). Durch sie wird die bei Anfängern oder konstitutionell schwach Veranlagten oft zu beobachtende, aber unzulängliche Schlüsselbein- oder Hochatmung ausgeschaltet. Hat der Schüler in ruhiger, ungezwungener Haltung die Lunge reichlich mit Luft gefüllt, dann lasse er mit der Mundstellung des Vokals A den Atem langsam und gleichmäßig wieder entweichen.

Um den Sprechton nun in den Bereich des tiefen, resonanzreichen Brustregisters zu bringen, laute man den Vokal A oder die Silbe »*la*« mit möglichst kräftigem Toneinsatz an, und zwar im Wechsel zwischen Sprechen und Singen. Man wähle zunächst eine natürlich-bequeme Tonlage (Eigenton!) und erweitere sie allmählich nach oben und nach unten. Sodann folgt der Klingeranschluß: *al – am – an* oder der Konsonantenanlaut: *la – ma – na; da – dort – du* und schließlich der Übergang zu den hellen Vokalen und Doppellauten: *il – el; ni – ne; eil – ein* usw.

Bei klanglosen Männerstimmen gehe man den gleichen Weg. Man wird hier oft rascher zum Ziel gelangen, da keine scharf geschiedenen Registergrenzen den Stimmumfang einengen. Zur Stärkung des Brustregisters bevorzuge man die dunkle Vokalreihe, in ebenso weittragender, metallischer Färbung[1]).

Damit schwache Stimmen nicht überfordert (forciert) werden, vermeide man anfangs allzu große dynamische Steigerungen und wäge die bereits gewonnene Widerstandsfähigkeit des Organs sorgsam ab.

Frage 2: Was ist zu tun, wenn das Stimmorgan (Material) zwar kräftig und weittragend, seine Klangbeschaffenheit (Timbre) aber so rauh und unbiegsam ist, daß die Vokalbildung faserig, spröd, ja geradezu unsympathisch wirkt?

Antwort: Bei einer an sich kräftigen und weittragenden, aber rauh und unbiegsam klingenden Stimme ist der Weg genau umgekehrt wie oben. Hier geht es um die weiche Anspruchsfähigkeit des Organs, die nur von der »primären Klangerzeugung«, d. h. von der gesunden Funktion der Stimmbänder und der mit ihnen in Verbindung stehenden Teile aus zu gewinnen ist[2]). Die »faserige« oder hauchige Vokalbildung wiederum hängt mit mangelhafter Atemregulierung (Atembalance!) oder mit ungenügendem Stimmbandschluß zusammen.

Dieser Fehler wird am ehesten behoben durch Anlauten des Vokals I, der den engsten Glottisschluß bewirkt. Man intoniere ihn, nach tiefer Einatmung und längerer Bereitschaft vor dem Beginn des Vokaleinsatzes (kurzes Anhalten des Atems), in scharf abgesetzten Impulsen. Dabei helle man die zwischen Sprechen und Singen erklingende Tonlage etwas auf: *i-i-i, il-il-il.*

Weitere Silbenbildungen mit Klingern folgen, an die sich dann der Vokal so weich wie möglich anschließen soll. Spricht das Organ leidlich gut an, bleibt es aber dennoch hart und spröde, so übe man im Pianissimo: *wi – wü – wu; li – lü – lu; ni – nü – nu.* Oder: *sie blüht nun nochmals; wie kühn und wortkarg.* Schließlich gehe man mit kräftigem Toneinsatz zu den hellen Vokalen I, E, Ä und A über.

Frage 3: Wie erreicht man beim Schüler die lautreine Vokalbildung, so daß er fähig ist, die hellen Vokale von den dunklen zu unterscheiden?

---

[1]) Auch J. W. Goethe verlangt in seinen »Regeln für Schauspieler« (1803) für den Anfangsunterricht langsames Sprechen in möglichst tiefer Lage: »Um es in der Aussprache zur Vollkommenheit zu bringen, soll der Anfänger alles sehr langsam, die Silben, und besonders die Endsilben, stark und deutlich aussprechen, damit die Silben, welche geschwind gesprochen werden müssen, nicht unverständlich werden. Zugleich ist zu raten, im Anfange so tief zu sprechen, als man es zu tun imstande ist, und dann abwechselnd immer im Ton zu steigen; dadurch bekommt die Stimme einen großen Umfang und wird für die verschiedenen Modulationen gebildet, deren man in der Deklamation bedarf.«

[2]) Unter »primärer Klangerzeugung« ist jene völlig absichtslos entstehende Stimmäußerung zu verstehen, die Hey an anderer Stelle als Naturton bezeichnet (vgl. S. 87).

Antwort: Falls der Schüler den Gegensatz zwischen heller und dunkler Vokalisation noch nicht genügend beherrscht, so helfen kurze, klar gesprochene Silben wie: *die, da, dort* oder: *wie, wo, was*. Es kommt darauf an, durch die Verfeinerung des Tastsinnes (Erspüren des Muskelspiels der Sprechorgane) den Tonsinn (innere Klangvorstellung) immer mehr zu wecken.

Bringt der Anfänger hingegen ein natürliches Empfinden für den Unterschied der Vokalfärbung mit, so gehe man bald zu den Konsonanten über.

Frage 4: Welches Vokalgebiet erleichtert dem Schüler eine natürliche, unbehinderte Tongebung und Aussprache?

Antwort: Diese Frage läßt sich nicht generell beantworten. Die eine Stimme neigt anlagemäßig mehr zum hellen, die andere zum dunklen Vokalgebiet. Darin äußert sich die Klangfarbe (Timbre) der betreffenden Sprechstimme. Zwar wird man immer von der günstigsten Veranlagung ausgehen, das Endziel bleibt jedoch, die klare und reine Aussprache aller Vokale zu erreichen. Hier muß der Lehrer behutsam führen, indem er zunächst einmal alle mundartlichen Unreinheiten (Lautverschiebungen) ausmerzt. Der Schüler bemühe sich indessen, auch in seiner Umgangssprache einwandfrei zu sprechen.

Frage 5: Welche physiologischen Ursachen bedingen die ungenügende oder gar fehlerhafte Vokal- und Konsonantenbildung, so daß die freie Klangentfaltung der Sprechstimme behindert wird?

Antwort: Es gibt die verschiedensten Ursachen einer erschwerten Aussprache. Meistens verhindert die schwerfällige Zungenbewegung eine einwandfreie Konsonantenbildung; auch der Vokalklang wird eingeengt. Gymnastische Übungen mit Zunge, Zäpfchen und Gaumensegel oder intensive Bewegungen des Unterkiefers, der Lippen usw. geben den Artikulationswerkzeugen (Formanten) Leichtigkeit, Geschmeidigkeit und doch die nötige Energie. Man unterstützt den Erfolg dieser Übungen, indem man die Silben: *na* und *da*, bei flachgelegter Zunge, mit rascher und sich weit öffnender Kieferbewegung sprechen läßt.

Klingen die Laute gaumig, so liegt das am verengten Schlund- und Rachenraum (pressen und knödeln). Man bringe die Zungenmasse nach vorne und bemühe sich, das an sich unwillkürlich arbeitende Zäpfchen »in den Griff zu bekommen« und hochzustellen. Dies geschieht am besten durch die Bereitschaftsstellung für helle Vokalisierung (gehobene Oberlippe) und durch langsame, tiefe Einatmung durch Mund und Nase (Gähnstellung!). Dabei intoniere man, bei gehaltener »Atemstütze«, kurz und kräftig den Vokal A *(a – a – a)*, erst ruhig, dann schneller, bei langsam entweichendem Atem. Auf diese Weise wird sich bald ein freier Vokalklang einstellen, der durch dunkle Färbung abgerundet und veredelt werden kann.

Frage 6: Wie lassen sich mundartliche, angeborene oder durch Gewöhnung eingepflanzte Lautverbildungen ausmerzen und was soll geschehen, wenn die reine Aussprache durch falsche Muskelspannungen oder durch schlechte Atemführung beeinträchtigt wird?

Antwort: Mundartliche Lautverbildungen sind oft schwerer zu bekämpfen als organische Stimmfehler, da sie auf Gewöhnung und Sprech»faulheit« (Nuscheln) beruhen. Dadurch ist das Ohr verdorben. Insofern fällt schon der Volks- und höheren Schule die verantwortungsvolle Aufgabe zu, die Jugend zur klangschönen, lautreinen Hochsprache zu erziehen. Die Dialekte sind so verschiedenartig, daß sich kaum allgemeingültige Lehrweisen vorschreiben lassen. Der Sprecherzieher muß vielmehr mit gutem Gehör und Geschmack die Fehler erkennen, und er soll selbst einwandfrei vorsprechen. Meistens ist der Vokalklang verbildet, oder es werden die Konsonanten, vor allem auch die Endsilben, lässig ausgesprochen. Erst wenn der Schüler den Unterschied zwischen Mißbildung und reiner Hochsprache selbst zu erkennen vermag, kann er das Falsche mit Erfolg verbessern.

Bleibt es dennoch bei unüberwindlichen Aussprachefehlern, dann ist zu untersuchen, ob nicht bestimmte (obengenannte) Organveränderungen die mangelhafte Artikulation bedingen. Diese kann man, sofern sie nicht krankhaft sind (Stimmbandknötchen, Polypen usw.), durch geeignete Übungen ausgleichen: Atemführung, Intonationsübungen oder kurze Silben mit nasalem Abschluß: *im, in, ing; im, üm; in, üng, ni, nüng.*

Mangelnder Stimmbandschluß kann durch folgende Übungen behoben werden (wobei die Vokale mit fast hartem Toneinsatz, jedoch leise, ohne Ausströmen des Atems zu intonieren sind): *Im ersten Ärger; in ew'ger Angst; ihr edlen Äste am Obstbaum.*

Frage 7: Wie weit reicht der Umfang der mit brauchbarem Brustton erzeugten Stimme und wie läßt sich dieser auf natürlichem Wege vergrößern?

Antwort: Bei jedem Schüler ist zu Beginn des Unterrichts die natürliche »Lage« und Ausdehnung des »Sprechregisters« zu prüfen. Nur so läßt sich erkennen, wie weit der Umfang bei einem bis zum höchsten Affekt gesteigerten Sprechen reicht, ohne daß die Grenzen des eigentlichen Brustregisters überschritten werden. Sind diese Grenzen (vor allem bei Frauenstimmen) zu eng, so muß erst das tiefe Brustregister erweitert und die Mittellage gekräftigt werden. Das geschieht wieder am besten durch den Wechsel zwischen Sprechen und Singen bzw. durch ein die Register ausgleichendes Hinauf- und Hinabgleiten der Stimme. Hierdurch wird der Registerspielraum erweitert und die Widerstandsfähigkeit und Lautstärke gesteigert. Damit vergrößert sich auf die natürlichste Weise auch der Umfang der Stimme, so, wie er etwa beim dramatischen Sprechen verlangt wird.

Frage 8: Was geschieht, wenn die Atmung verkrampft bzw. erschlafft ist oder wenn sie durch ein hörbares Einatmungsgeräusch behindert wird?

Antwort: Das bedeutsamste Hilfsmittel bei der Tonbildung ist die ungezwungene Atemführung. Ohne sie ist weder Stimmfunktion noch Sprechgestaltung möglich. Die Voraussetzungen hierzu sind: tiefe Einatmung (möglichst durch die Nase und doch rasch!), Atemstütze (gehaltener Atem) und geringer Luftverbrauch beim Sprechen. Vor dem Stimmeinsatz beachte man eine kurze »Bereitschaftsstellung«. Unterläßt man diese wirksame Vorbereitung, dann entweicht, vor allem beim Ungeübten, mit den ersten Worten zuviel angesammelte Luft. Dadurch wird der Vokal rauh und faserig (hauchig), der Einsatz unbestimmt und der Atem stoßweise (böig).

Atemführung, Stimmbandfunktion und Artikulationsbewegungen hängen aufs engste zusammen[1]). Deswegen vermeide man auch die rauhe, rasselnde Einatmung (meistens eine unschöne Angewohnheit!), bei der entweder der Schlundraum verengt, der Kehlkopfdeckel gepreßt oder die Stimmbänder nicht weit genug geöffnet werden. Die beste Hilfe ist hier die »weite« Einatmung in Gähnstellung (Wohlbehagen!).

Frage 9: Wie steht es um die gesamtkörperliche (nicht nur stimmliche) Konstitution des Schülers? Ist sie von Natur aus gesund und robust genug, um den physischen und psychischen Anforderungen des Unterrichts sowie der späteren Berufsausübung in jeder Beziehung gewachsen zu sein?

Antwort: Wenn auch eine gesunde Stimme die erste Voraussetzung für den Erfolg im Unterricht und Beruf ist, so verlangt der Beruf des Sprechers, vor allem der des Schauspielers, gerade heute ausreichende Gesundheit, Zähigkeit und Nervenkraft. Nicht selten beobachtet man, daß kräftig entwickelte Gestalten mit mächtigem Gliederbau und hochgewölbter Brust dennoch eine dünne, klanglose, oft sogar gebrochene Stimme haben, während andererseits Menschen mit schwächlichem Körperbau ein durchaus sonores, wohlklingendes Organ haben können.

In dieser Beziehung schafft der geregelte Sprechunterricht einen Ausgleich, indem die natürliche Betätigung der Stimmorgane, der Atmung, des Zwerchfells usw. als »Heilgymnastik« wohltätig und harmonisierend auf den Gesamtorganismus einwirkt.

Aber nicht nur auf diese gesundheitsfördernden Kräfte allein kommt es beim Sprechen an, sondern mehr noch auf das geist-seelische Erleben der gemüts-

---

[1]) Das harmonische (ungehinderte) Zusammenspiel dieser drei Faktoren: Atmung (Luftführung), Tönung (Stimmbandfunktion) und Lautung (Aussprache) nennt man die »Atembalance«. Ist auch nur eine dieser für den Erfolg der Stimmerziehung ausschlaggebenden Fähigkeiten gestört, dann läßt sich auch mit Hilfe der anderen beiden kaum eine einwandfreie Sprechtechnik erreichen. Man muß daher immer wieder diese drei Grundlagen zugleich erarbeiten und aufeinander abstimmen.

bildenden Werte. Sie ruhen als Gehalt und Lautgebärde in der Kunst der Sprache und sollen durch die Kunst des Sprechens zum klingenden Ausdruck gebracht werden. Insofern sollte, außer dem Redner, jeder geistig aufgeschlossene Mensch die herrlichen Kunstwerke unserer Muttersprache nicht nur still für sich lesen, sondern auch sprachlich gestalten!

Schon in der Schule müßte in dieser Beziehung beim Jugendlichen Freude und Können geweckt werden! Wieviel gutveranlagte Laienstimmen bleiben ungenutzt oder gehen zugrunde, nur weil sich niemand um sie kümmert. Und andererseits macht man nicht selten die traurige Erfahrung, daß Berufssprecher mit chronischer Heiserkeit, Stimm-Müdigkeit usw. behaftet sind. Was könnte in allen diesen Fällen eine gesunde und lebendige Stimmerziehung erreichen!

Frage 10: Verfügt der Schüler über genügend Geistesbildung und Spontaneität, ferner über Gemütskraft und Anmut – kurz gesagt: besitzt er die nötige künstlerische Veranlagung, um auch die großen Sprachkunstwerke nachfühlend und selbstgestaltend zum Ausdruck bringen zu können?

Antwort: Vergesse man nicht: die »Stimm-Mittel« allein reichen für den Beruf des Sprechers, Redners oder Schauspielers nicht aus, auch nicht die vielleicht günstige äußere Körpergestalt. Das alles mag Naturveranlagung und Talent sein. Zur wirklich künstlerisch vollendeten Darstellung jeder echten Dichtung gehört Intelligenz, mehr noch: geistige und seelische Aufgeschlossenheit, spontane, schöpferische Begabung, und nicht zuletzt die ethische Kraft, sich voll und ganz einem Beruf hinzugeben, der in den Blütezeiten aller Kulturen, kultisch gebunden, dem Priestertum nahestand.

Die Lautlehre[1])

ZUR EINFÜHRUNG

Die im folgenden gebotenen Hilfsmittel sind allmählich aus dem Bedürfnis des Unterrichts herausgewachsen. Immer mehr kam ich zu der Überzeugung, daß eine strenge Anleitung zum kunstgerechten Sprechen sehr bald auch eine bemerkenswerte Besserung des Stimmorgans im ganzen zur Folge hatte.

Daher entschloß ich mich, auch beim Gesangsschüler, mit dem ich früher nur Tonbildung gepflegt hatte, die lautgesetzliche Behandlung der deutschen Aussprache Hand in Hand gehen zu lassen.

Die »Wortbildung«[2]) wurde nach zwei Seiten erfaßt und gelernt: Zunächst übte ich mit dem Schüler die einzelnen Lautelemente der Worte[3]) und Silben (also die Vokale und Konsonanten), um durch Beschleunigung bzw. durch Dehnung eine lautreine Aussprache zu erzielen. Sodann bemühte ich mich, die Stimme durch Klangentfaltung zu verstärken.

Die artikulatorischen Gesetze beim Übergang von einzelnen Silben zu bestimmten Wortformen wurden vom Schüler bald begriffen und mit Erfolg geübt. Dagegen zeigten sich unverhältnismäßig große Schwierigkeiten bei der Wiedergabe ganzer Sätze, weil die neu hinzutretenden Silben und größeren Konsonantenanhäufungen (bei gleichzeitig vermehrtem Vokalwechsel) kaum zu bewältigen waren.

Selbst der fließendste Vers setzte dem Anfänger Hindernisse entgegen, die nur durch gründliches Einzelstudium unserer Sprachlaute, und zwar nach

---

1) Es folgt nun als Hauptkapitel der »Kunst des Sprechens« der (gekürzte) Urtext des Abschnittes »Sprachlicher Teil« aus dem Gesamt-Studienwerk »Deutscher Gesangsunterricht« (1896). Hierzu hat Julius Hey eine besondere »Einleitung« geschrieben sowie einen kurzen Aufriß über die Sprachelemente (»das Stoffliche«, wie er es nennt), die beide hier unter der Überschrift »Zur Einführung« zusammengefaßt werden. Da Heys Studienwerk, wie der Name sagt, hauptsächlich der Ausbildung im Sologesang dienen sollte, so grenzt er die Aufgabe des besonderen Sprachstudiums mit folgenden Worten ab: »Das im vorliegenden Lehrbuche enthaltene Unterrichtsmaterial diente mir als Grundlage für meinen Gesangsunterricht. Die Arbeit, die bis ins Jahr 1868 zurück datiert, faßt den Gang meiner Erfahrungen auf diesem Gebiet zusammen und dient zum praktischen Gebrauche für Lehrer und Schüler des Sologesangs, während der erste Teil, das deutsche Sprachstudium ausschließlich umfassend, für öffentliche Redner, denen daran gelegen ist, ein gesundes, klangvolles Organ zu erlangen und die Bedingungen einer kunstvollendeten Aussprache sich anzueignen, bestimmt ist.«

2) Unter »Wortbildung« versteht Hey die phonetisch einwandfreie Aussprache der Laute.

3) Dem heutigen Sprachgebrauch gemäß, wird der von Hey benutzte Begriff »Worte« durch die Vokabel »Wörter« ersetzt.

der Erkenntnis ihres organischen Zusammenhangs, überwunden werden konnten. Und so entstanden die nachstehenden Sprechübungen zum erschöpfenden Studium der deutschen Sprache.

★

Die allen Sprachen gemeinsamen Lautzeichen sind die Vokale und die Konsonanten. Durch sie vollzieht sich die sprachliche Verständigung. Obwohl beide Lautgruppen einander dienstbar gemacht und im Wortganzen verbunden werden, so sind sie ihrem Wesen nach doch gegensätzlich. Die Vokale sind selbst tönender Sprachklang, die Konsonanten dagegen nur Geräusche, die als solche klangvermindernd wirken. Auf der Verschmelzung dieser Gegensätze beruht die Wortbildung.

Trotzdem ist der Vokal, als elementarer Grundstoff, das wichtigste Material für die Sprache, ebenso wie für den Gesang. Denn jede durch Gefühl oder Willen hervorgerufene Lautäußerung, sei sie Wort oder Ton, ist ein Vokal. (Nur bei geräuschnachahmenden Empfindungslauten, die aber viel seltener sind, treten Konsonanten auf.)

Durch das organisch bedingte Wechselspiel zwischen Selbst- und Mitlauten entstehen Silbe und Wort und schließlich, durch sinnvolles Aneinanderfügen von Wörtern, der gesprochene Satz.

Die erwähnten Gegensätze werden entweder durch Anhäufung von Konsonanten verschärft oder sie werden ausgeglichen durch die Gruppe der Klinger, d. h. der Halbvokale: L, M, N, NG, W, R, J. Diese sind ihres Klanggehaltes wegen für die Sprache wie für den Gesang gleich wichtig, weswegen sie auch in Verbindung mit Vokalübungen als »Singsilben« geübt werden. Je reicher die Sprache mit Klingern durchsetzt ist, desto größer ist ihr Wohllaut. Das läßt sich durch einen Vergleich zwischen romanischen und germanischen bzw. slawischen Sprachen nachweisen.

Andererseits wird die Ausdrucksfähigkeit und Energie der Wortbildung durch einwandfreie Artikulation (Konsonantismus) gesteigert. Leider hat man sich gewöhnt, den Konsonantismus[1]) als ein notwendiges Übel für den Gesang und das Sprechen anzusehen. Diese Auffassung ist unrichtig und bedauerlich. Sie kennzeichnet nur zu deutlich, daß die meisten Sänger und Sprecher lieber in träger Schlaffheit bei der Unzulänglichkeit ihrer Aussprache beharren, statt daß sie sich energisch aufraffen, diese Schwierigkeit zu meistern. Daß die vollkommene Artikulation schwierig ist, wird nicht bestritten, denn der reine Vokalklang darf nicht durch die störenden, klangvermindernden Einwirkungen der Konsonanten abgeschwächt werden. Die später folgenden, für die Vermeidung dieser Fehler zusammengestellten Sprechübungen zeigen, welche physiologischen Schwierigkeiten sich bei der Wiedergabe der Konsonanten ergeben, zugleich aber auch, wie sie sprachlich behandelt werden.

---

1) Hey versteht unter Konsonantismus und Vokalismus etwa das, was heute Artikulation und Vokalisation genannt wird. Es handelt sich um die deutliche und lautreine Aussprache der Mit- und Selbstlaute.

Unabhängig hiervon hat die Sprecherziehung vom Vokalismus auszugehen. Durch Anhäufung von Vokalen zu fließenden Sätzen habe ich die Aussprache des normalklingenden Vokals zu sichern gesucht. Die Aneinanderreihung gleichklingender Vokale macht die Klangerzeugung fließender und unmittelbarer und daher den Stimmeinsatz natürlicher. Erst wenn dieses erreicht ist, soll die Geläufigkeit der Aussprache durch die rasch wiederkehrenden Artikulationsbewegungen bei schwierigeren Konsonantenhäufungen gesteigert werden.

Bezüglich der Klangstärke beim Üben, bei der Atemführung, bei der Körperhaltung usw. sei noch folgendes bemerkt:

Im allgemeinen ist eine helle, ungezwungene, aber vollklingende Vokalisation anzustreben. Dennoch soll der Sprachklang im tiefen Brustregister liegen; besonders vermeide man beim Anfänger jede Steigerung, die diese Grenze überschreitet. Das Zeitmaß sei langsam und gleichmäßig. Dabei beobachte man den Anschlagspunkt (»Sitz«) des Vokals im Ansatzrohr sorgfältig, damit ein leichter Stimmeinsatz erzielt wird.

Zu Anfang des Studiums dürfen die sprachlichen Aufgaben nicht mit zu starker, am allerwenigsten mit einer rauhen, forcierten Sprechstimme geübt werden. Außerdem achte man auf die »richtige«, d. h. natürliche Atmung. Da das Sprechen mehr Atem verlangt als das Singen, so begegne man gleich anfangs einem übermäßigen Luftverbrauch. Man erreicht dies am sichersten durch rhythmische Unterteilung des gesprochenen Textes, indem man bei der Einatmung größte Ruhe und Gleichmäßigkeit anstrebt. Nach jedem Vers lasse man den Schüler einen vollen Atem nehmen, vermeide alle Hast und jedes Bestreben, »recht viel mit einem Atem« rezitieren zu lassen. Immer muß der Sprecher seinen Atem beherrschen; dabei sei die Körperhaltung leicht und ungezwungen, der Gesichtsausdruck freundlich und natürlich.

Die dargebotene Reihenfolge der Sprechübungen wird nicht immer eingehalten werden können. Hierfür wird die jeweilige Beschaffenheit des Organs maßgebend sein. Ist dieses z. B. hell und daher die Aussprache des A-Vokals dünn, plärrend oder näselnd, so wird man von der Gruppe der dunklen Vokale ausgehen. Umgekehrt bekämpfe man einen klanglosen, dumpfen, im Halse sitzenden Sprechton mit Übungen des hellen A-Vokals.

Ist ein Sprechorgan überhaupt klangarm und die Einsatzfähigkeit auffallend erschwert, dann leistet der Vokal I die besten Dienste. Außerdem ist es gut, daß man den Schüler zuvor mit den klangerzeugenden und -bildenden Organen wie überhaupt mit der Funktion des gesamten Stimmorganismus vertraut macht. Daran lassen sich dann sinnvoll Abspannungsübungen anschließen, nicht nur des ganzen Körpers, sondern auch des Zäpfchens, des Gaumensegels, der Zunge, des Unterkiefers, der Lippen usw.

Und wenn dem Schüler die Aussprache der Konsonanten schwerfällt, so übe man diese durch die leichten Lippenkonsonanten: B, P, M, W oder T, D, und zwar möglichst durch ihre dreifache syllabische Umstellung, wie z. B.: *ba; ba – ab; ab – ba.*

Die sprachliche Behandlung der Vokale (Vokalisation)

1. DIE HELLEN VOKALE

A

Ehe wir auf die physiologische Bildung dieses Vokals näher eingehen, sei kurz erwähnt, daß man die Vokale (ihrer Klangfärbung nach) in zwei Hauptgruppen einteilen kann, und zwar in die helle Vokalreihe: A – E – I und die dunkle: A – O – U.

Die Doppellaute neigen (je nach ihrer Zusammensetzung) nach einer der beiden Reihen hin: das AI und EI nach der hellen, das ÄU und EU nach der dunklen. Das AU steht gewissermaßen zwischen beiden Gruppen und wird daher als »neutral« bezeichnet.

Auch der Vokal A gilt als »neutral«, weil er der Grundklang fast aller Doppellaute ist, und er (gegenüber den anderen Vokalen) den größten Spielraum der Klangschattierung besitzt.

Dieser organische Zusammenhang der Vokale (vgl. S. 38) soll durch folgende Anordnung verdeutlicht werden[1]:

hell	neutral	dunkel
I → E → Ä	→ A →	O → Ö → Ü → U
AI – EI	AU	ÄU – EU

Betrachten wir nun den Vokal A, so scheint es kein Zufall zu sein, daß in den Gesangsschulen aller Nationalitäten die Tonbildung mit diesem Laut beginnt[2].

Diese Übereinstimmung deutet darauf hin, daß das A wohl am leichtesten und natürlichsten zu bilden ist, weil die ersten Sprachäußerungen des Kindes mit

1) Nicht nur an dieser, sondern auch an anderen Stellen verwendet Hey die phonetische Lautschrift. Sie wurde in der Neuausgabe aus praktischen Gründen durch Großbuchstaben (Majuskeln) ersetzt, z. B. E-Laut oder nur: E.

2) Anmerkung des Herausgebers: Aus mancherlei Gründen beginnen einige neuere Stimmbildungslehren nicht mit dem Vokal A, sondern teils mit den dunklen Vokalen (Kemper, Nitsche), teils mit den hellen (Roedemeyer). Andere bevorzugen sogar die Reibelaute (Schlaffhorst-Andersen) oder, der guten Resonanz wegen, die Klinger. Albert Greiner, der zwar mit dem A beginnt, nennt diesen Laut den »aufdringlichsten Rächer falscher Tonführung«, weil er die meisten Fehler und dialektischen Verirrungen, z. B. Flachheit, Nasen- und Gaumenklang, Kehldruck usw., enthüllt.

ihm beginnen. Auch wird er als (»Urlaut«) durch einfaches Öffnen des Mundes zwanglos hervorgebracht. Er ist gleichsam farblos, neutral und verträgt sprachlich unter allen Selbstlauten die längste vokale Dehnung.

Insofern sollte man meinen, dieser Naturlaut könnte (bei völliger Ruhestellung der Sprechorgane) kaum falsch gebildet werden. Dennoch wird gerade das A meist getrübt und durch Dialekt verdorben gesprochen. Selbst Bühnenkünstler und Berufssprecher, die durch die Pflege einer fehlerfreien Hochsprache Vorbilder für andere sein müßten, können sich oft nicht von ihren angeborenen oder angelernten Sprachdialekten freimachen.

Trotzdem ist der Vokal A der Inbegriff alles Lautlichen. Jede unbewußte Lautäußerung läßt die helle Klangfarbe des A erkennen, und man bedient sich auch dieses Vokals, um den Stimmeinsatz zu regulieren, das Ansatzrohr zu weiten oder die natürliche Atemführung zu fördern.

Die Frage nach dem richtigen »Sitz«[1]) des Vokalklangs A läßt sich nicht allein vom Gehör aus (das ja verbildet sein kann) beantworten; dazu bedarf es eines bis zu hoher Stufe entwickelten Tonsinns (inneres Hören) und, im Zusammenhang damit, der Verfeinerung des Tastsinnes (Erspüren des Muskelspiels aller Sprechorgane).

Damit kommen wir zur physiologischen Bildung des Vokals A. Er bietet bezüglich seiner sprachlichen Darstellung keine allzugroßen Schwierigkeiten. Allerdings vermeide man eine zu tiefe Kehlkopfstellung, da sonst das dunkle und unschöne A^O entsteht.

Die natürliche Bildung des A setzt völlige Ruhe und Unbeteiligtsein aller Muskelpartien (der tonerzeugenden und artikulierenden Organe) voraus; nur so erreicht man den vollkommenen Stimmbandschluß. Die Zunge wird ein wenig gehoben, Zäpfchen und Gaumensegel gelockert und die Atmung strömt ungehindert durch die Nase ein.

Geht man nun von der tonlosen Ausatmung, also vom Laut H oder CH (hinten) aus – die man stumm einstellt –, so öffnen sich die beweglichen Teile des Rachens und des Schlundes durch »Gähnstellung« von selbst. Das A ertönt hell, ungezwungen und natürlich. Dabei ziehe man die Oberlippe und Mundwinkel etwas aufwärts, forme die Lippenränder breit-oval und bringe den Lautklang (»Ansatz«) nach vorne, in die Nähe der oberen Zahnreihe.

Durch diese Art der Lippenstellung verschärft sich der Gegensatz zwischen heller und dunkler Vokalfärbung so auffällig, daß der Schüler den Klangunterschied bald hören und darstellen lernt.

Einen zu grellen Ä-artigen Klang vermeidet man dadurch, daß die Unterlippe die untere Zahnreihe nie verläßt und sich gar so weit senkt, daß Zähne

---

[1]) Die Begriffe »Tonsitz« = Tonansatz einerseits und Stimmeinsatz andererseits sind zu unterscheiden. Sitz oder Tonansatz bedeutet, den richtigen Vibrationspunkt (»Kern«) des betreffenden Vokals innerhalb des Ansatzrohres zu finden. Unter Stimmeinsatz dagegen versteht man das »Antönen« des Lautes (Beginn der Phonation) durch einwandfreien Stimmbandschluß.

und Zahnfleisch sichtbar werden. Die Tonerzeugung im Kehlkopf erfolge möglichst ungezwungen; jedes Herabpressen desselben ist schädlich und klangstörend.

Bei Frauenstimmen beobachtet man anfangs häufig eine helle, zersplitterte Vokalerzeugung, die sich sprachlich als kraft- und ausdruckslos erweist. Sie rührt meistens von einem zu hoch gegriffenen Sprechton her. Der Kehlkopfstand ist dann zu hoch und man lasse erst dunkle Vokale sprechen. Sind diese für die Klangerzeugung erschwerend (so daß der Ton klanglos bleibt), so übe man das A auf kurze Silben mit vorgelegter Zunge und kräftiger Brustresonanz so lange, bis eine tiefere Kehlkopfstellung und Sprechlage erreicht ist. Bei Männerstimmen verlängere man das Ansatzrohr durch Tiefstellung des Kehlkopfs (ohne Druck!) und nehme als Anlaut des Doppellautes ÄU-EU das verdunkelte A mit den Wortbildungen: *neu*, *neun*, *Leu*, *freut*, *heut*, *beut* usw. Auf diese Weise erreicht man das sonor klingende A mit neutraler, voller Klangfarbe und beugt dadurch jeder Klangzersplitterung (Hauchigkeit) vor. Wenn man auch von Anfang an auf größte Beweglichkeit des Unterkiefers achten soll, so vermeide man doch allzu schwierige Konsonantenanhäufungen. Am besten eignen sich einfache, syllabische Sprechübungen auf A mit an- oder ablautenden Klingern. Sie unterstützen die ruhige Atemführung und erleichtern durch ihre Klangfähigkeit den vokalen Einsatz: *wa-na; ja-na.*

Werden die Sprechübungen zu zweisilbigen Wörtern erweitert, so wähle man zunächst solche mit Vokalanlaut: *An-na; Al-ma* usw., um schließlich zur Verbindung mehrerer Silben überzugehen: *ja man war; ja da war man; nah war man ja.*

Das geschärfte Ohr des Lehrers überwache mit größter Strenge die vokale Klangfarbe und arbeite so lange auf die Weitung des Schlundes und des Mundhöhlenraumes hin, bis der völlig gereinigte Sprachklang erreicht ist. Die Fülle des Klanges, unterstützt durch weitgeöffnete Mundstellung, ergibt sich durch den Ausdruck des Mächtigen und Erhabenen: *Allmacht*, *Waldnacht*, *Andacht*, *Waldeinsamkeit*. Andererseits soll derselbe Vokal auch zum leisen Flüsterklang oder zu einem zarten, milden Pianoton herabgestimmt werden, was auch für den kindlichen Sprachausdruck charakteristisch ist: *Mama*, *Papa*, *lala*, *dada*.

Im übrigen führe man den »Anschlagspunkt« des Vokals A möglichst nach vorne, so daß der Luftstrom am harten Gaumen, ganz in der Nähe der oberen Zahnreihe, reflektiert.

Man unterscheidet ein langes und ein kurzes A. Das erstere steht:

1. als Dehnung (aa oder ah): *Aar*, *Saal*, *Bahre*, *Kahn;*
2. bei auslautenden Silben: *ja*, *Ba-se*, *Ma-de*, *Na-me;*
3. vor einfachen, die Silbe abschließenden Konsonanten: *Scham*, *Rad*, *Tag*.

Das kurze A steht vor mehreren Konsonanten und sch: *Alt*, *Amt*, *Rand*, *rasch*.

Eine Reihe von Wörtern zeigt eine schwankende Quantität. Th. Siebs hat diese zusammengestellt und ihre Aussprache geregelt:

Kurzes A: ab, das, Walfisch, Walnuß, am, Damhirsch, hart, an, man, Garten, Karte, Marter, warten, schwarz, Warze, Harnisch, Marschall, barsch, Monat, Klatsch, du hast, er hat.

Langes A: ihr habt, gehabt, brach, Gemach, nach, Schmach, Jagd, Magd, Wal, Labsal, Schicksal, Trübsal, folgsam, Leichnam, Arzt, Schar, Papst, Harz, Quarz, Art, artig, Bart, Scharte, zart, Gas, Fraß, Spaß, Heimat, Zierat, latschen.

SPRECHÜBUNGEN FÜR DEN VOKAL A

Die nun folgenden ersten Übungsbeispiele werden mit gleichmäßiger Silbenbetonung, in tiefer, aber ruhiger Tongebung gesprochen. Da es zunächst mehr auf die natürliche und fehlerfreie Aussprache des Vokals ankommt, so können die Konsonanten anfangs etwas zurücktreten. Durch den leisen Stimmeinsatz wird die Anspruchs- (Funktions-) Fähigkeit der Stimmbänder gefördert, während die kraftvolle Tongebung die Resonanzfülle des Brustklanges entwickelt.

Erst wenn der Vokal in allen seinen Schattierungen lautrein erklingt, verschärfe man die konsonantische Artikulation.

Die letzte Übung (III) mit dem Wechsel der Vokale A und E, im Versmaß des Trochäus (4/4-Takt in ruhiger Achtelbewegung), läßt die Akzente auf dem A deutlicher hervortreten.

I.

Barbara saß nah am Abhang,
Sprach gar sangbar – zaghaft langsam;
Mannhaft kam alsdann am Waldrand
Abraham a Sancta Clara!

II.

Was hallt am Waldbach da?
Jagdklang schallt nah: Trara!

III.

Nah dem Hage Tannen schwanken,
Alles strahlet Abendprangen;
Klagend sang der alte Barde,
Daß der Waldesrand es hallte!
Knaben kamen da gegangen,
Sangen Psalmen, Banner tragend –
Manchen prangt der Kranz am Arme.
Alle waren arme Waller,
Rasten lange nah dem Walde.

Ä

Dieser aus A und I gemischte Vokal (meistens Umlaut der von A abgeleiteten Mehrzahlbildung) gehört zur Gruppe der hellen Vokale[1]). Er klingt daher leicht etwas plärrend: »*Was wääre der Äärmste*«. Andererseits wird er in gewissen Mundarten wie ein geschlossenes E behandelt: *Fecher, Bender, Gewender usw.* Hier gilt es, die rechte Mitte zu finden.

Nur dadurch, daß der Schüler immer wieder das Richtige hört und nachzuahmen versucht, erzieht er sein Ohr für die künstlerisch einwandfreie Lautbildung. Gerade dieser recht schwierige Vokal verlangt feines Sprachgefühl und viel Geschmack.

Physiologisch wird das Ä ähnlich gebildet wie das A. Die Mundstellung ist fast dieselbe, nur wird das Klangvolumen durch die leicht angehobene Zungenspitze etwas verringert. Der Schlundraum hingegen ist weiter als beim A, wenn auch der Anschlagspunkt des Ä an den vorderen harten Gaumen bzw. an die oberen Schneidezähne geführt werden soll.

Durch den erweiterten Schlundraum ergibt sich die Schwierigkeit, die Gaumenkonsonanten an das Ä anzuschließen. Besonders das aber soll durch die folgenden Sprechverse geübt werden.

Im übrigen spreche man die nachstehenden Übungen in tiefer Tonlage, mit kräftigem, abgerundetem Klang; eine zu helle Klangfarbe verursacht leicht eine unerwünschte Klangzersplitterung.

A und E mit dem Anschluß des CH

I.

Welch schlecht berechtigtes Vermächtnis
Erwächst dem schwächlichen Gedächtnis!

II.

Verächtlich schlecht der Knecht sich rächte:
Der nächtlich nächst dem Pächter zechte.

III.

Fächer, Bänder, Festgepränge,
Selbstverständlich Männerschwärme!
Fächelnd, lächelnd längs den Sälen
Schwärmt verächtliches Gedränge.

---

[1]) Die etwas dunkler gefärbte Umlautform des Ä enthält die Mischung A + E; das Entsprechende gilt für:

Ö = O + I (hell) und O + E (dunkel)
Ü = U + I (hell) und U + E (dunkel)

E

Da dieser Vokal phonetisch durch das Zusammenwirken verschiedener Grundvokale entsteht: A → E ← I; O → Ö → E, so zeigt er wohlunterscheidbare, aber gleichberechtigte Klangschattierungen. Man nennt sie Vokalfarben. Sie gründen auf physiologischen Klangbildungsgesetzen und geben der Sprache ein reiches und lebendiges Kolorit. Dieses ist ausschlaggebend für die Gestaltung des »Sprachmelos«.

In allen Sprachen finden wir verschiedene klangliche Abstufungen des E. Die deutsche Sprache besitzt vier, eigentlich fünf E-Vokalfarben, wenn man das sog. »stumme E« hinzurechnet.

1. Das kurze, offene E. Es wird bestimmt durch nachfolgende einfache oder Doppelklinger: *Welt, Geld, Schmelz, Welle – Gemse, emsig, Schwemme, hemmen – denn, Senne, rennen – eng, sengen, dengeln, schwenken, gedenken – Herz, Schmerz, zerren, Herren.*

Bei den Nasalklingern wirkt das E geschlossener, heller und daher ausdrucksvoller. Im Anschluß eines Explosivkonsonanten an den Klinger steigert sich die Artikulationstätigkeit so sehr, daß Vokal und Klinger weniger zur Wirkung kommen: *erst, bersten, Gespenst.*

Das E hat ferner offenen Klang bei nachfolgenden Geräuschlauten:

s = ss: *des, dessen, es, essen, Nessel,*
tz: *setzen, Fetzen, Netz, benetzen:*
sch: *dreschen, Bresche,*
ch und cht: *Pech, Lech, Recht, Specht, schlecht,*
ff: *treffen, Neffe.*

Ebenso bei Verschlußlauten:

pp: *Klepper, Schweppermann, Treppe,*
tt: *Fett, Wette, Wetter, Vetter,*
ck: *wecken, belecken, recken, Ecke, Decke, Strecke, Flecken.*

Je massiver die Konsonanten gehäuft sind, desto offener und kürzer klingt das E: *verletzt, benetzt, entmenscht, vermerkt, lechzt, verderbst, Herbst.*

2. Das halbgeschlossene E steht zwischen dem kurzen, offenen und dem gedehnten in der Mitte und erhält seine eigentümliche Klangfarbe durch eine ruhige, einfache Konsonantenfolge und seinen längeren Zeitwert.

Nachfolgende Klinger: *er, wer, wen, wem, Fehl, Mehl, Kehle, stehlen,*
s-Folge: *Wesen, lesen, genesen,*
g-Folge: *Weg, Steg, legen, segen, pflegen, Degen.*

3. Das geschlossene oder gedehnte E hat einen schärferen, eindringlicheren Klangcharakter und kommt infolge seiner Dehnung zur größten Klangentfaltung. Die Zunge wird etwas mehr gehoben als beim offenen E, der Kieferwinkel verkleinert. Bei Anfängern beobachtet man häufig zu helle,

zum I hinstrebende Vokalfärbung. Sie wird am besten dadurch vermieden, daß man den Unterkiefer (wie auch die Zunge) lockert und die Lippenwinkel einander annähert.

Einsilbige Wörter wie: *sehr*, *Meer*, *See*, *Fee*, *weh* oder zweisilbige: *Gewehr*, *geleert*, *gedehnt*, *beschert*, geben eine gute Hilfe. Ebenso lasse man Wörter mit kurzer Anlautsilbe bilden: *vermehrt*, *verdreht*, *erschwert*, *verzehrt*. Um die verschiedenen Klangfarben, bei allmählich sich verengendem Ansatzrohr, dem Schüler noch schärfer einzuprägen, lasse man dreisilbige Wörter bilden, bei denen die Vokalreihe: offenes E – geschlossenes E beibehalten wird: *erledigt*, *verewigt; vermehrt sich; er wehrt sich.*

Als unantastbares Gesetz gilt, daß alle durch H oder durch Vokalverdoppelungen bewirkten Dehnungen hell, d.h. geschlossen zu sprechen sind: *Wehe*, *mehr*, *dehnen*, *See*, *Tee*, *Meer*.

Ferner:

mit Vokalanlaut: *ewig*, *Ewald*, *Elend*, *Ehe*, *edel*, *Emil*, *Eva*,
mit Klingeranlaut: *wenig*, *Wedel*, *ledig*, *regiert*, *Regen*, *Rekrut*,
mit Hauchanlaut: *Hefe*, *Hela*, *Helene*, *heben*, *hegen*.

Ebenso unantastbar ist die Regel bezüglich der geschlossenen, gleichartigen Betonung und Färbung bei den Vorsilben *be* und *ge*: *bestimmen*, *belehren*, *bewahren*, *belohnen* – *gewiß*, *geweckt*, *gewarnt*, *geteilt*, *gelobt* usw.[1]). Bei den Vorsilben »*er-*« und »*ver-*« senkt das hinzutretende R den Vokalklang: *erlaubt*, *erhört*, *erhascht* – *verliebt*, *verkehrt*, *verweht*, *verhunzt*.

4. Das tonlose E kommt nur in den Endungen (Finalsilben) vor, so z. B. bei weiblichen Wortendungen: *Liebe*, *Treue*, *Freude*, *Wonne*, *Seele;* ferner bei Silbenendungen aller Zeitwörter im Infinitiv auf »*en*«; und ebenso bei Mehrheitsbildungen des Hauptwortes und adjektivischen Steigerungen: *Faß – Fässer; Band – Bänder; Schloß – Schlösser; schön – schöner*, *groß – größer*, *breit – breiter.*

Das E der Endsilben »*en*« und »*er*« wird oft als stumm bezeichnet. Mag auch mancher den Unterschied zwischen: *gehn* und *gehen* oder *fliehn* und *fliehen* nicht hören, so gelten doch die Betonungsgesetze, so daß dieses sog. stumme E »tönend« zu sprechen ist. Sonst würde ja auch leicht aus: *erhaschest* – *erhaschst* oder aus: *wüßtest* – *wüßtst* usw. Nicht zuletzt aber muß dieses Endsilben-E klingend gesprochen werden, damit durch die rhythmisierte Sprachmelodie die Wirkung gesteigert wird.

5. Über das wirklich stumme, also nicht hörbare E bleibt wenig zu sagen. Es dient als bloßes Schriftzeichen für die Dehnung des I: *wie*, *nie*, *sie* – oder durch »*h*« verstärkt: *gedieh*, *Vieh* usw.; auch bei Worten, die aus dem Grie-

---

1) Während J. Hey die Nebensilben *be* und *ge* geschlossen sprechen läßt, verlangt Th. Siebs für alle Nebensilben ein schwaches, kurzes E: *bestimmen*, *behalten; Gehalt*, *gelobt.*

chischen übernommen sind und ursprünglich ein A hatten, tritt es auf: *Poesie, Melodie, Philosophie.* Folgt diesem Dehnungs-E ein R, z. B.: *Bier, hier, Zier,* so ergibt sich dadurch leicht eine unschöne Vokalsenkung (Verdunkelung), daß der Zungenrücken sich bei der R-Bildung senkt, während die vibrierende Spitze sich hebt. Es klingt dann wie: *Biar, hiar* – ein Sprechfehler, über den beim Vokal I nochmals gesprochen wird. Ihn gilt es mit aller Energie auszumerzen, da er auf schlechter Angewohnheit und auf Trägheit der Artikulation beruht. Der Fehler verschwindet übrigens sofort, wenn eine zweite Silbe folgt: *zieren, gieren.*

Auch beim Vokal E gibt es Wörter mit schwankender Quantität, die durch Siebs für die Bühnenaussprache geregelt worden sind. Es sind aber so viele verschiedene Wortformen, daß sie an dieser Stelle nicht alle aufgezählt werden können. (Man vergleiche Th. Siebs: »Deutsche Bühnenaussprache«, Ausgabe 1910, S. 43.)

Da der Vokal E mit allen seinen Schattierungen einer der wichtigsten Laute unserer Sprache ist, so sind die folgenden Sprechverse mit besonderer Sorgfalt zu üben. Bei offener Mundstellung sollen die Endsilben anfangs klangvoll, mit gleicher Betonung wie die Akzentsilben gesprochen werden. Man achte darauf, daß der Vokal nicht zum Ö abgefärbt wird.

I.
Es streben der Seele Gebete
Den helfenden Engeln entgegen;
Entdeckend des Herzens Wehe,
Wenn Schmerzen es brennend verzehren!

II.
Wenn der Rebe rechter Segen
Jede Seele mehr erreget,
Werde edel, selbstvergessen,
Schneller jedes Herz beweget!
Denn der hehren Lebensquelle,
Welche Edle stets belebt,
Werden Reben Segen geben –
Selbst der Menschen Weh entschwebt.

III.
Schneebedeckte, feste Erde –
Lenzgeweckte erste Herde!
Ceres! Segenspendende –
Ew'ge, Verderbenwendende!
Sende den West dem Meere entgegen,
Spende der Erde schwellenden Segen,
Lechzender Herde den quellenden Regen!

I

Der Vokal I ist der hellste Selbstlaut. Durch höchste Verdichtung (Spannung) fördert er die leichte und doch klare Anspruchsfähigkeit beim Stimmeinsatz; er bewährt sich daher auch als Hilfsmittel, um hauchige Stimmen zur exakten Tonerzeugung zu bringen.

Beim Sprechen des I hebt sich der Kehlkopf, die Zunge wölbt sich gegen den harten Gaumen, während ihre Spitze die untere Zahnreihe eben berührt. Überhaupt ist die (leicht angehobene) Zunge das wichtigste Organ für die Bildung dieses Vokals. Man nennt ihn daher auch Zungen- oder Engelaut, im Gegensatz zu den Lippen- oder Raumlauten O und U.

Die Lippenstellung ist fast dieselbe wie beim E, nur wird die Oberlippe etwas mehr gehoben, damit das I weder dunkel (Ü-artig) noch schrill nach dem E hin assonierend erklingt. Aus demselben Grunde lasse man den Unterkiefer nicht zu sehr fallen.

Die Lautverbindung zu den Konsonanten vollzieht sich leicht und fließend, vor allem zu den phonetisch verwandten Klingern und Reibelauten (besonders zum vorderen CH).

Im übrigen gilt folgende Regel:

Bewirkt der Konsonantenanschluß bei rascher Bildung eine Erweiterung des Rachenraumes, so ergibt sich eine Assonanz zum E, und das I verliert an Klanghöhe; z. B. p: *Rippe, Lippe;* r: *irrt, Geschirr;* ch: *ich, Wicht, Gericht.* G und K bewirken infolge erhöhter Zungenlage beim Gaumenabschluß keine Vokalvertiefung, hingegen sch und scht: *Wisch, frisch, zischt, erlischt.* Bei den verschärften Reibelauten klingt das I dunkler als beim reinen S, z. B.: *Blitz, Witz, Hitze, erhitzt*[1]).

Dagegen ist (nach Siebs) zu unterscheiden: a) kurzes, offenes I bei: *Viertel, vierzehn, vierzig* und *Distel* und b) langes, geschlossenes I bei: *vier, vierteilen, vielleicht, Nische, Wiesbaden.*

Besonders zu bemerken ist, daß bei verschiedenen Silbendehnungen die vokale Abstufung gering ist: *die ihr irrt – sie flieht die Sitten.* Es geben also nicht die Kürzen und Dehnungen der Silben den Ausschlag, sondern die physiologische Beschaffenheit der Anlaut- bzw. Anschlußkonsonanten. Der oben bereits genannte, öfters auch mundartlich bestimmte Sprechfehler (nach dem I ein A einzuschieben) – so etwa beim hinteren CH im Alemannischen: *ich – iach; Licht – Liacht* – läßt sich dadurch korrigieren, daß statt des CH ein S angeschlossen wird: *is – is – is – ich;* oder: *List – List – List – Licht.* Dasselbe gilt für das unschöne »*wiar*«. Dadurch wird der Klangstrom, statt daß er sich

---

1) So zum Beispiel sagen die Berliner »Füsch« statt »Fisch« und »ümmer« statt »immer«.

bei tiefer Zungen- und hoher Zäpfchenstellung im Rachenraum ausbreitet, nach vorn an den harten Gaumen und die Schneidezähne geführt.

Die folgenden Sprechübungen sollen zuerst mit leiser Stimme, aber sonor klingend geübt werden. Die Endsilben sind etwas heller zu bilden, wodurch auch eine ruhige Kehlkopfstellung erzielt wird. Gleichmäßige Silbenbetonung empfiehlt sich auch hier, weil dadurch die Artikulation der Konsonanten, bei langsamem Sprechtempo, schärfer und plastischer zum Ausdruck kommt.

I.

Spitzfindig ist die Liebe!
Sie minnt nicht immer blindlings;
Wie sie sich listig zieret,
Wirkt sie mit Witz nicht minder.
Ihr tiefes Inn're liebt nicht,
Will sich nicht blindlings irren,
Wird sie mit ihrer Liebe
Sich schließlich nicht verwirren?

II.

Wie sie friedlich, sinnig blickt,
Innig mild sich still vertieft –
Sinnenlieb', die nie ersprießlich,
Wird sie sittig immer fliehn!
Kniend liegt sie – lieblich sinnend,
Sie, die still die Himmel minnt;
Ihr Beginnen ist verdienstlich,
Bringt ihr Himmelslicht, gibt Frieden!

III.

Ist dies Idyll hier nicht des Friedens Bild,
Erblick ich's, wie? – in diesem Lichte wieder?
Im Innern klingt's, wie frische Kinderlieder –
Wie innig wirkt's, wie tief, wie himmelsmild!

Damit ist das Gebiet der hellen Vokale durchschritten.

2. DIE DUNKLEN VOKALE

O

Man unterscheidet beim Vokal O zwei Lautformen: das gedehnte (geschlossene) und das kurze (offene) O. Jenes klingt tiefer, dieses heller. Bestimmend hierfür ist der jeweils engere oder erweiterte Lippenschluß.

Der runde, volldunkle Klang des O, wie er in den gedehnten Wörtern: *Sohn, Mohn, Hohn* auftritt, soll auch beim kurzen, offenen Laut beibehalten werden: *Wonne, Wolle, Sommer* usw.

Treten beide Lautformen nebeneinander auf, so klingt auch da die kurze Silbe heller als die gedehnte: *Vollmond, oft schon, doch wohl.*

Bei der Bildung des O steht der Unterkiefer höher als beim A, wodurch das Volumen des inneren Rachenraumes verkleinert wird. Auch die Zungenwurzel wird mehr angehoben und (besonders beim geschlossenen O) die Zungenspitze leicht aufgerichtet.

Die oval zugespitzten Lippen formen das O dunkler als das A, während jener metallische, intensive Vokalklang, der für ein kraftvolles und doch wohlklingendes Sprechen notwendig ist, durch festen Lippenschluß und leichte Nasalführung (ohne »gaumig« zu werden!) erreicht wird.

Folgendes Klanggesetz bestimmt die Färbung des Vokals:
Die Dehnung oder Kürze einer mit O gebildeten Silbe hängt jeweils von den dem Vokal folgenden Konsonanten ab. So bewirkt jede einfache Konsonantenfolge, besonders der Klingergruppe, eine Dehnung des O. Die stärkste Dehnung entsteht bei Verdoppelung des Vokals: *Moos, Moor.*

Wir unterscheiden:

1. Das geschlossene O, und zwar bei

n: *Ton, Thron, schon, Sohn, Zone* (Ausnahme: die Vorsilbe: *von*),
m: *Dom, Rom, Strom, Ohm* (Ausnahme: *vom*),
l: *wohl, Idol, Pol, Kohl, Sohle,*
r: *vor, empor, Tor, erkor, Rohr,*
d, t: *roden, Boden, Not, Brot, Schlot,*
b: *Lob, oben, toben, schob,*
g: *Woge, gewogen, log, zog, betrog,*
s: *Rose, tosen, bloß,*
f: *Hof, Ofen, Zofe* usw.

Auch wenn gedehnten Stammwörtern Beugungssilben angehängt werden, so bleibt das O geschlossen: *Lohn, belohnst, belohnt – Dom, Doms – erwogst, lobst, schobst, tobst.* – Nur ein einziges Wort besitzt unsere Sprache, das bei zweifachem Konsonantenanschluß volle Dehnung und geschlossenen Vokal aufweist: *Mond!*

Im übrigen bedingt jede Konsonantenverdoppelung, auch der Klinger, eine offenere Klangfarbe.

2. Das halbgeschlossene O.

nn: *Wonne, Sonne, Tonne, geronnen, gewonnen,*
mm: *Sommer, fromm, komm, geschwommen,*
ll: *voll, soll, erscholl, Wolle, trollen,*
rr: *verdorren, verworren, knorrig, Horror,*
rn: *Zorn, Korn, Dorn, vorne,*
lm, ln: *Holm, Dolmen, polnisch, Solnhofen,*
rf, rg: *Dorf, Schorf, Morgen, borgen.*

Inwieweit der Vokal durch zusätzliche Konsonanten noch mehr aufgehellt wird, hängt von der Schwierigkeit der Lautbildung und deren Zeitdauer ab.

3. Das ganz offene O.

nst, nnt: *sonst, umsonst, gesonnt, gekonnt,*
mmt, mms: *kommt, frommt, kommst, frommt's,*
lz, lzt: *Holz, Bolzen, geholzt, gebolzt,*
llt, llst: *sollt, gewollt, schmollt, zollst, tollst,*
rt: *Ort, Wort, dort,*
rch: *Storch* – rst: *Forst* – rscht: *erforscht* – rk: *Kork* usw.

Noch offener erklingt das O bei folgenden Doppellauten im Anschluß: *Roß, Sproß – offen, betroffen, schroff – Spott, Trott.* Dagegen: *Hopp, hopp! Galopp, Kopf, klopfen.*

Die Vokalfarbe wird also bestimmt durch die Rückwirkung der nachfolgenden Konsonanten und die erforderliche Zeitdauer der Lautbildung. Über dieses quantitative Verhältnis zwischen Vokal und Konsonant (das für alle Selbstlaute entsprechend gilt) entscheidet das rhythmische Sprachgefühl. Ist das Gehör daraufhin erst einmal geschult, dann wird es die verschiedenen Klangformen leicht feststellen: *fahl, falsch, gefalzt; Schuh, Schuft, rufst; Hof, hofft, Holz.*

Die Konsonantenverbindungen sind beim O kaum erschwert, höchstens wenn ein J mit anschließendem U oder A auftritt: *O Jugend, so jung; O Jammer! Wo jagt er?*

Bei den folgenden Sprechübungen achte man vor allem auf die richtige O-Stellung der Lippen. Ist die Stimmlage des Schülers hell, so beginne man mit dem geschlossenen O, sonst bevorzuge man den offenen Vokal. Jedenfalls vermeide man sorgfältig jeglichen Druck auf den Kehlkopf:

I.

Oben thront der Nonnen Kloster.
Voll von Trost, voll hoher Wonne
Wohnen dorten fromme Nonnen,
Loben Gott vor Morgenrot.

II.

O Sonne, thronst so wolkenlos!
Schon flog der Vogel hoch empor.
Wohl knospen Rosen schon, wo Moos –
So kommt der holde Sommerflor.
O wonnevoll – ohn' Sorg', ohn' Not,
Ob Sonne loht – ob Donner droht,
Dort oben hoch, wo Morgenrot
Gott loben fromm, schon vor dem Tod!

III.

Polternd tobet Donners Rollen,
Sollte Gott wohl zornvoll grollen?
Opfertod! o wolle kommen,
Noch lohnt Gottes Sohn
Hoch vom Wolkenthron,
Sorg' und Not, o Trost der Frommen! –

IV.

Trostarm kommt am Sonntag Dora;
Klopft dann froh, da Wolfgang fort war.
Doch was log – bald schroff, bald wortkarg –
Flora sorgsam, doch gar boshaft? –
»Wolfgang floh zwar, doch war todkrank!«

Ö

Das Ö, ein Mischlaut zwischen O und E, bildet man am zweckmäßigsten vom hellen E aus, über das Ö zum O hin.

Man kann auch vom O ausgehen, wobei die Lippenstellung (bis auf eine kaum merkliche Zusammenziehung der Lippenmuskeln) die gleiche bleibt. Nur die Zungenspitze hebt sich und strebt nach vorn.

Jedenfalls übe man den Übergang vom Stammlaut O über das Ö zum E und umgekehrt intensiv, damit man diese drei Vokalschattierungen deutlich zu unterscheiden lernt und das Ö lautrein wird.

Am besten beginnt man mit Sprechsilben, denen Klinger vor- oder nachgesetzt sind: *no–nö–ne; lo–lö–le; el–öl–ol; elle–öllö–ollo.*

Auch beim Ö unterscheidet man die lange (geschlossene), dunkle Klangform: z. B. *Öl, Möhre,* von der kurzen (offenen), hellen: *Hölle, Böcke, plötzlich.* Ist die jeweils charakteristische Klangfarbe mit kräftigem Stimmeinsatz und gutsitzender Resonanz erreicht, so gehe man zu folgenden Sprechversen über:

I.
Wer höhnt roh, wer stört so
Des Mönchs Wort?
Den schnöd Gold betört hold,
Der stört dort des Mönchs Wort! –

II.
Klöster krönen öde Höhen;
Hör' der Mönche Chöre tönen:
»Göttlich schön erlöst Versöhnen,
Böse mögen's schnöd verhöhnen ...«

Ü

Das Ü bildet den Übergang vom Stammlaut U zum hellsten Vokal I. Daher benutzte die mittelhochdeutsche Schreibweise als Sprachzeichen dafür den Doppellaut UI.

Phonetisch ergibt sich eher eine Verwandtschaft zum Ö, und zwar durch die gleiche Zungenlage und Lippenform. Der Klangstrom wird merklich verengt.

Das Ü erzieht weniger zur Lautkraft als zum wohlklingenden Pianoton. Insofern eignet sich gerade dieser Vokal zur Verfeinerung des Gehörs und dadurch des Sprachgefühls. Auch den Klangunterschied zwischen I und Ü präge man sich durch M i s c h u n g beider Vokale ein und lege besonderen Wert auf tiefe (Ö-artige) Sprechlage, ohne indessen auf den Kehlkopf zu drücken.

Unsere Sprache ist mit diesem Mischlaut reich durchsetzt: *Grund – Gründe; Hund – Hündchen; Wut – wüten; Glut – glühen; Bund – verbündet* usw. Schon deswegen lohnt es sich, dem oft lautsymbolischen Charakter dieses Vokals mit verfeinertem Tonsinn nachzuspüren.

Wörter mit schwankender Quantität sind durch Siebs geregelt worden. Kurzes Ü: *Gelübde, gebürtig.* Langes Ü: *Brüche* (Mehrzahl von Bruch = mooriges Gelände), *Rüsche, hüsteln, düster, wüst, Nüstern, Rüster.*

Die nachstehenden Verse sollen, ähnlich wie beim Ö, zart und doch klangvoll (bei verengter Lippenstellung) gesprochen werden. Kräftige Brustresonanz ist dabei anzustreben:

I.
Über der Wüste düstere Gründe
Führet die zürnenden Brüder vorüber;
Schüsse grüßen herüber, hinüber,
Künden die Führer der dürstenden Züge.
Sündiges Wüten, mit Flüchen verbündet,
Kürzen – wie trüg'risch – die Mühen der Wüste;
Drüben erst grüßen sie Frühlingslüfte,
Küssen trüb flüsternd die Düfte der Blüten!

II.
Wüste Lücken, trübe Gründe,
Düst're, grüngeschmückte Schlünde
Müssen kühn wir überbrücken –
Blüt' wie Früchte rühmlich pflücken.

III.
Wechsel zwischen Ü und I

Wüßt' ich, wie stündlich dies schüfe ihr Glück,
Würd' ich's mit bündigen Schwüren ihr künden!

Bei dieser letzten Übung ist besonders zu beachten, daß (auch bei raschem Sprechtempo!) das I durch den Wechsel mit dem Ü nicht getrübt oder sonstwie lautunrein wird, was beim Anfänger oft unvermeidlich ist.

U

Der Vokal U, der die dunkle Klangreihe nun abschließt, ist im Verhältnis zu den anderen Selbstlauten am schwierigsten zu bilden. Durch die ziemlich hohe Stellung des Unterkiefers und den stark verengten Lippenschluß wird die Tonführung und -entfaltung im Innern des Ansatzrohres beeinträchtigt. Dadurch wirkt dieser Laut oft klanglos und dumpf.

Dieser Fehler läßt sich zwar einigermaßen dadurch ausgleichen, daß der Kehlkopf tief gestellt und die Lippenränder vorgeschoben werden, um den Anschlagspunkt des Lautes möglichst nach vorne bringen zu können. Trotzdem bleibt oft eine unschöne Assonanz zum O bestehen.

Eine weitere Hilfe zur Auflichtung des Klanges ist das helle U in: *Kuckuck, Huhu!* usw., im Gegensatz zu: *Blut, Mutter, Kugel.* Der helle U-Klang stärkt zudem die Kopfresonanz und macht den Rachenraum, ähnlich wie beim O, weit und frei.

Um den Vokalklang zu stärken, verlängere man das Ansatzrohr und wölbe die Zunge muldenartig nach unten, ohne allerdings den Kehlkopf zu sehr zu senken oder auf den Kehldeckel zu drücken.

Auch übertriebene runde oder gar umgestülpte Lippen benachteiligen die reine Vokalisation; das U wird dumpf, faserig, ja, zum leise verhauchten W. Die jeweils richtige Mundstellung erlernt man am besten durch den Wechsel von O und U, so wie er in folgender Übung (die in gleicher Silbenschwere zu sprechen ist!) auftritt:

Wechselfolge von U und O

Nun Roduro, mutvoll rufe –
Du – so ruhm-, so schuldlos duldend:
»Muros! Unhold!! Fluch folg' ruhlos!
Und trotz Lug groll' mutlos nur noch
Wut dort, um Roduros Blutsold!« –

Den einwandfreien U-Ansatz übt man durch Silben mit vokalischem Anlaut: *um, uns, und, unten – Uhr, Uhu, unumwunden.* Allzufrüh benutzte Konsonantenverbindungen (z. B. Sch, St, Sp, Spr, Pf) beeinflussen den Vokaleinsatz ungünstig und wirken oft sogar funktionsschädlich.

Ist das U Auslautvokal oder steht es nach Lippen- bzw. Gaumenlauten, so schleicht sich durch die schnelle Senkung des Unterkiefers leicht eine störende Assonanz zum A ein: *Ruh – Ruah; genug – genuag* oder *Huat, guat, Muatter.* Bei anderen Konsonanten ist das nicht der Fall.

Immer wieder stärke man das Sprachgefühl des Schülers für die Klangschönheit der Vokale, für die Fülle und den Wohlklang der Worte, was nur durch richtiges Erfassen der Lautelemente und durch liebevolles, ernstes Studium zu erreichen ist. Man beachte dabei folgende Regel:

1. langsames, gedehntes Zeitmaß,
2. tiefe, sonore Tongebung,
3. weder Druck auf den Kehlkopf, noch Anspannung der Halsmuskeln und
4. lockerer, leichter, aber metallischer Klang.

I.

Und durch zukunftsdunklen Mund
Wurde Brutus' Schuld nun kund:
»Gut und Blut trugst du zum Bunde –
Dulden mußt du nun zur Stund',
Und der Fluch schuf Blut und Wunde!« –

II.

Unter dunklen Uferulmen
Wurdest du – (durch Blut und Wunden
Ungefurcht und unbesudelt) –
Ruhmlos ruhend nun gefunden.
Unten fuhr durch blum'ge Fluren,
Lustvoll, munter, mutdurchdrungen,
Uns'rer Jugend Blum' und Muster,
Zukunftstrunken – ruhmumschlungen!
»Mußtest du nun ruhn, um stumpf
Uns'res Unmuts Sturm zu rufen?
Du – des Ungunst Mut uns schuf,
Und uns trug zu Ruhmes Stufen! ...

3. DIE DOPPELLAUTE

AI — EI

Die Bildung der Doppellaute beruht auf einer Lautverschmelzung, die mit dem A beginnt und entweder das helle oder das dunkle Vokalgebiet rasch durchläuft. Insofern könnte man sagen: »Der Doppellaut besteht aus zwei Vokalen, deren eigentümlicher Klang zwar zu erkennen ist, die aber durch möglichst rasche Aufeinanderfolge zu einer Klangeinheit verschmolzen werden müssen.« Verweilt man zu lange auf einem der beiden Stammvokale, so wird der Doppellaut zweisilbig und daher fehlerhaft.

Ein klanglicher Unterschied zwischen AI und EI ist kaum zu bemerken, ist ja auch das EI ehemals (im Mittelhochdeutschen) oft als AI geschrieben worden. Nur in wenigen Worten ist diese Schreibweise bis heute beibehalten: Mai, Hain, Rain, Maid, Main usw.

Die Lautbildung vollzieht sich am natürlichsten vom nicht zu dunkel gefärbten A zum I oder nicht selten auch zum offenen E: *Fleisch*, *gereizt*, *gebleicht*[1]). Zu beachten ist freilich, daß sich kein »Schlupflaut« einschiebt, so etwa: *neien* statt *nein*.

Die folgenden Sprechverse erstreben also eine energische und doch abgerundete Verschmelzung der beiden Stammvokale: das Anlaut-A hell, voll (Brustregister!), das Sprechtempo nicht zu langsam und die schließende Kieferbewegung vom A zum Auslaut-E kurz und intensiv:

I.

Der Mai treibt weiße Zweigelein,
Kein eis'ger Reif im weiten Hain! –
Ein Waidmann weilt einsam beim Teich,
Es schreit ein Meislein im Gezweig,
Daß weit wie breit sei Maienzeit!

---

1) Nach Siebs wird beim Doppellaut AI oder EI der Stammvokal A immer mit einem kurzen, geschlossenen E verbunden, ebenso wie beim AU als Auslaut ein kurzes, geschlossenes O erklingt. – Schon aus diesen beiden Beispielen erkennt man, daß »die Schreibung niemals Maßstab für die Aussprache sein kann«. Zur Erläuterung dieses Grundsatzes schreibt Siebs: »Die Schrift ist gegenüber der Aussprache immer etwas Sekundäres. Zum Beweise dafür genügt ein Blick auf die sogenannten Naturvölker, die ihre Sprachen entwickelt haben, ohne von der Schrift je berührt worden zu sein. Aber auch ganz unzulänglich ist unsere Schrift. Nicht nur deshalb, weil sie viele Elemente unserer Aussprache (z. B. die zwischen unseren deutlich empfundenen Lauten liegenden sogenannten Gleitlaute oder Übergangslaute, die Pausen usw.) gar nicht fixiert, sondern auch deswegen, weil sie nicht einmal die üblichen, klar zu unterscheidenden Stellungslaute unserer Sprache genügend wiedergibt. Um die Fülle unserer verschiedenen Laute darzustellen, reichen nicht einmal die vielen Zeichen aus, die von den Phonetikern erfunden sind; viel weniger die 24 oder 25 Zeichen unseres Alphabetes. Dazu kommt noch, daß diese gar nicht einmal geschaffen sind, um unsere deutschen Sprachlaute darzustellen, sondern aus fremden Sprachen übernommen sind.«

II.

Mein Meister freit ein reizend Weib.
Er meint, es sei ein Zeitvertreib!
Allein, was treibt die kleine Maid,
Den Greis zu frein in Eiligkeit?
Meint sie, beim Greis sei's Dasein leicht,
Wenngleich sich keine Gleichheit zeigt?
Ei, kleine Maid, leicht eilt die Zeit!
Dein eilig Frei'n bei eitlem Schein
Wird eine Pein, ein Leid einst sein! –

AU

Die Bildung dieses Doppel- oder Zwielautes erfolgt ohne Schwierigkeit vom anlautenden A zum Auslaut O oder U. Jedenfalls wird, im Gegensatz zum EI, hier die dunkle Vokalreihe durchlaufen, was sich am besten durch die Gegenüberstellung der beiden Sprechweisen erkennen läßt: *feil – faul; Seil – Saul; Weinlaub; heile Haut.*

Auch die Konsonantenverbindungen ergeben sich leicht und ohne Verengung des Schlundraumes, abgesehen vom R, besonders wenn es fehlerhaft im Gaumen gebildet wird: *Rauch, Strauch.*

Der volltönende, abgerundete Klang aller im AU zusammengefaßten dunklen Vokalstimmungen verleiht gerade diesem Laut eine besondere Ausdruckskraft: *Raum, Baum, Laub, Vertrauen, ins Blaue schauen*[1]).

I.

Draußen haust der graue Klausner,
Baum und Strauch umlaubt die Klause;
Auch das Laub rauscht auf der Au –
Blauer Rauch schmaucht aus dem Hause,
Trauben lauschen aus dem Laube;
Kraut und Trauben zu verkaufen,
Laufen aufwärts schlaue Bauern.

1) Auch M. Aschenbrenner hebt die Bedeutung des AU unter den Doppellauten hervor: »Wiederum ganz anders als die weiche, zarte und weite Stimmung des EI-Lautes, als die dunkle Schwere des EU ist die Stimmung, die im AU ertönt. Weite und Tiefe lebt in ihm. Die ganze ausgebreitete Fülle des Seins spiegelt sich in diesem Laute, der die Spannweite aller Stimmungen der Vokale, vom A zum U, in sich vereinigt. – Die Sprache bedient sich dieser Kraft des AU in Wörtern und Redewendungen, die Fülle und Umfang anschaulich machen sollen« (in »Gestalt und Leben der Sprache«, S. 168).

II.

Es schaut aus blauem Auge
So traurig auf die Frau;
Sie kaufte blaue Trauben
Und glaubte auch, sie taugten;
Doch kaum gekauft – verfaulten
Die sauern, blauen Trauben.

ÄU — EU

Der Anlautvokal dieses Zwielautes ist das offene O, das zwar dem neutralen A am nächsten steht, aber doch auf die dunkle Vokalreihe hinweist. Man helle daher den Klang des Doppellautes durch die Verbindung mit A oder EI so weit auf, daß der Auslaut zum Ö oder gar zum Ü wird. Dies gilt insbesondere, wenn das betreffende Wort durch ein angefügtes »e« zweisilbig wird: *Reue, Treue, neue, Bläue.*

Auch andere Konsonantenverbindungen, bei denen der Auslautvokal einmal heller (Ü), ein anderes Mal dunkler (A°) ist, sind zu üben: *Bäume, Träume, Häubchen, Täubchen; treulich, greulich, abscheulich; treulos, freundlos* usw.

Für den Auslaut ist die richtige Stellung des Zungenrückens maßgebend. Sie sei nicht zu hoch, damit die häßliche Schlußbildung: O – I vermieden wird, z. B.: *heu–ite.*

Sollten sich beim Anschluß der Gutturalen: CH, G, K Schwierigkeiten ergeben (weil sie leicht in den Schlundraum rutschen!), so benutze man die Silbe: *Euch* oder als Sprechscherz: *Eugen ist euch Zeuge; in Sträuchern kreucht's und fleucht's!*

I.

Heulsturm dräuend beuget Bäume,
Streut das Heu, verscheucht die Leute!

II.

Was bedeutet heut' Geläute? –
Däucht es euch wohl Feuersleuchten?!
Leute! Schleunig beugt doch Schläuche,
Feucht durchträufelnd Scheunenräume! –
Häuser, Bäume, Scheunen, Zäune,
Kräuselt heulend leuchtend Feuer!
Scheu dort läuft schon eure Meute,
Bäumt sich, träumt von neuer Beute!

III.

Aufeinanderfolge aller Doppellaute

Ein leuchtender Tau
Weilt heut auf der Au.
Der Eichbaum beut Rast,
Sein Laub beugt den Ast.
Ein säuselnder Hauch
Streift leise euch auch.

★

Nachdem nunmehr das Gesamtgebiet der Vokale abgeschlossen ist, geben wir noch einen kurzen Rückblick auf die psychischen Klangwirkungen der Selbstlaute, vor allem der Stammvokale: I – A – U. Denn von diesen drei Elementarlauten ging ursprünglich die gesamte Sprachentwicklung aus[1]).

Daher haben sie auch heute noch die stärkste Ausdrucksbedeutung:

I: Empfindungslaut für Verwunderung, Neugierde; vielfach Ausdruck des Naiven.

A: Freudiges Erstaunen, Bewunderung, behagliches Empfinden; Zustimmung, Bejahung.

U: Ausdruck des Unbehagens oder des verhaltenen Schmerzes; Stöhnen, Angst und Furcht.

Erst allmählich vergrößerte sich der vokale Reichtum bis zur fließenden Konsonantenverschmelzung, und zwar durch das Zusammenwirken von Umgangs- und Kunstsprache. Gerade die Kunst ist (im Zusammenwirken mit Physiologie und Sprachwissenschaft) berufen, durch die Sprache der Dichtung die Laut- und Symbolkraft der Worte zu voller Blüte zu bringen. Und die »Kunst des Sprechens« bemüht sich, den verborgenen Schätzen klingende Gestalt zu geben.

---

[1]) Dieser sehr wichtige Hinweis von Julius Hey, daß die drei Stamm- oder Grundvokale: I – A – U als die sprachgeschichtlich ältesten Lautelemente aufzufassen sind, wird durch die Tatsache bestätigt, daß die beiden anderen Selbstlaute: E und O in frühen Sprachstufen, etwa im Hebräischen oder Arabischen, viel seltener sind bzw. ganz fehlen. Mit dieser genetischen Entwicklung mag es zusammenhängen, daß diese drei »Urlaute« auch heute noch eine besondere Stellung innerhalb der Phonetik einnehmen (siehe: M. Aschenbrenner, a. a. O. S. 147).

Die sprachliche Behandlung der Konsonanten

(Artikulation)

Wir gehen nun von den klingenden Vokalen zum Gebiet der Konsonanten über. Auf den Gegensatz beider Lautgruppen ist eingangs (S. 15) verwiesen worden. Er betrifft nicht nur die Tonerzeugung (Vokal = Ton, Konsonant = Geräusch), sondern auch den lautlichen Ausdruckswert. Denn die Selbstlaute sind die Empfindungsträger, weswegen man sie auch als die weiblichen Elemente der Sprache bezeichnet hat; die Mitlaute hingegen wirken formbildend-plastisch, es sind die männlichen Formkräfte.

Unsere erste Aufgabe ist nun, die Konsonanten zu ordnen, und zwar im Hinblick auf ihre physiologische Entstehung sowie auf ihre Aussprache hin. Ergeben sich dabei auch Gegensätze innerhalb der einzelnen Gruppen, so sind doch die klanggesetzlichen Lautbeziehungen wichtig, da sie die Anordnung und Benennung im folgenden bestimmen.

Auch der Übergang von den Vokalen zu den Konsonanten steht unter einer solchen inneren Entsprechung. Lasse ich nämlich den Vokal so ins Pianissimo verhauchen, daß er zwar zu tönen aufhört, die tonlos ausströmende Luft aber durch die noch geöffnete Stimmritze und das noch in Vokalstellung befindliche Ansatzrohr streicht, so wird

das verhauchte A zum H,
das I zum CH und
das U zum W.

Dieser durch die Ausatmung ganz natürlich bedingte Lautzusammenhang bildet nun auch die phonetische Grundlage für die großen Konsonantengruppen:

aus dem gehauchten H entstehen (durch verstärkte Ausatmung und allmähliche Verengung des Gaumentors) die Kehl- und Gaumenlaute,

aus dem vorderen CH die Reibelaute und

aus dem W lassen sich zwanglos die Klinger entwickeln, die zwischen den tönenden Vokalen und den tonlosen Konsonanten stehen.

⋆

Es folgen nun die einzelnen Lautbeschreibungen, jedoch nur insoweit ausführlich, als die Aussprache der betreffenden Konsonanten besondere Schwierigkeiten macht. Wir beginnen mit einer

Zusammenstellung der drei Konsonantengruppen[1]:

1. Die Klinger (Liquidae semivocales)
   L, N, NG, M, R, W, J

2. Die Reibelaute (Strepentes)
   S, Z, CH, SCH, F, V, Pf
   (Säusel-, Zisch-, Rausch- und Blaselaute)

3. Die Verschlußlaute (Explosivae)
   K–CK, G, Q, CH (hinten), H, D–T, B–P
   (Gaumen-, Hauch-, Zungen- und Lippenlaute)

1. DIE KLINGER

L

Das L hat von allen Klingern das stärkste Klangvolumen. Es steht daher an der Spitze dieser für die Sprecherziehung so wichtigen Lautgruppe.

Die Aussprache des L bietet keine Schwierigkeit: die gehobene Zungenspitze stemmt sich energisch gegen die obere Zahnreihe. Bei nachfolgendem Selbstlaut kehrt die Zunge (zur Vermeidung unschöner Schlupflaute) möglichst schnell in ihre Ruhelage zurück, während sie bei folgendem Mitlaut leicht und unbehindert zur weiteren Artikulationsbewegung übergeht. Am einfachsten schließt sich – durch einfaches Senken der Zungenspitze – das A an: *la.* Dadurch erhält dieser Vokal seinen natürlichsten Anschlagspunkt: *la – la – la.* Beim I, Ü und Ö ist der Zungenrücken leicht erhöht: *li, lü, lö.*

Auch die Verbindung des L zu den übrigen Klingern ist einfach, nur beim R übe man den Übergang besonders: *verlangen, verlacht, erlöst, herrlich* – wobei die Zungenspitze plötzlich in die feste Stellung hinter die Oberzähne tritt.

Schwieriger ist die Überleitung zu den Verschlußkonsonanten: *Wettlauf, gastlich, ratlos, schrecklich, Jagdlust.* Besonders im weiteren Zusammenhang:

Lang lauscht Lilli – endlich lieblos lächelnd
Lallt sie leise:
»Lautlos Lallas, log dein Loblied! –
Lebe, liebe, leidlich löblich!
Lisple, lieblich, Liebeslallen;
Lächeln ließ mich längst solch Liebleids Langweil!«

---

[1]) Zu dieser Anordnung und Benennung der Laute vgl. S. 94.

N — NG

Wenn diese beiden Klinger auch ein geringeres Klangvolumen als das L haben, so sind sie doch wichtiger für die Ausbildung der Resonanz, besonders der Nasenresonanz.

Jeder Fachkundige kennt die Vor- und Nachteile der nasalen Klangmischung. Überfluß und Mangel sind gleich fehlerhaft, und nur die richtige Verschmelzung, d. h. die einwandfreie Durchtönung der Sprache mit diesem bedeutsamen Hilfsmittel, gibt den Lauten erst Fülle, Glanz und Kern. Das N ist insofern leicht zu bilden, als das Ansatzrohr nahezu abgesperrt ist, so daß es auf dessen Stellung nicht ankommt. Der Klang wird unmittelbar zur Nase (dem Sitz dieses Lautes) geführt und durch die mitschwingenden Hohlräume und Knochenpartien verstärkt. Ist der Nasenweg durch krankhafte Verbildungen oder durch schlechte Angewohnheit verstopft, so klingt der Laut leicht »verschnupft« – was durch intensive Übung vermieden werden kann.

Am besten verbindet man das N gleich mit dem NG: *ing, eng, äng, ang.* Zweisilbige Wörter steigern den Brustklang: *Schlange, Wange, Enge, Dinge.* (Man beachte den Gaumenverschluß zwischen den beiden Vokalen!)

Wichtig ist auch der Unterschied zwischen G und NG als Vokalfolge: *Segen – sengen; sag' – sang; liegen – gelingen.* Dabei ist NG als konsonantischer Einklang zu sprechen, also nicht: *Wan–ge, En–ge* usw. Auf die rasche Lautverschmelzung kommt es an: *England, Zwingburg, Fangschnur.* Ebenso zu vermeiden ist der dialektbedingte gutturale Abschluß: statt: Ding – Dink, statt: Hebung – Hebunk.

Bei vorausgehendem A wird das NG mit ziemlich geweitetem Rachenraum gebildet, und zwar ohne völligen Gaumenschluß; dieser erfolgt erst bei einem nachfolgenden K: *Dank, Schwank, Trunk* oder gar: *Dankgebet, Schenkkellner, Trinkgeschirr.*

Für die Auswahl der folgenden Sprechverse ist die Organbeschaffenheit des Schülers maßgebend: sollte die Klangführung durch die Nase erschwert sein, so daß die Stimme, besonders in den höheren Registerlagen, stumpf oder näselnd klingt, dann muß der Laut helltönend und intensiv geübt werden, bis der Nasenweg völlig frei ist. Dies wird unterstützt, indem man die Brustresonanz mit einbezieht.

Man beginne zunächst mit NG, z. B.: *Prangende Wangen,* und lasse mit möglichst scharfem, eindringlichem Tonansatz sprechen. Erst dann gehe man zum N über.

Bei näselndem Sprachklang korrigiere man durch N mit sehr weiter Mundstellung, wobei die Zunge möglichst nach vorn zu bringen ist: *bla–na; ra–na; Ka–na–an. Zo–ne; oh–ne.* Dabei ist die erste Silbe sehr gedehnt, das N aber schnell zu sprechen.

Die letzte Übung behandelt die nasalen Endsilben mit dem sog. stummen »e«. Gerade dieses aber soll durch Betonung »klingend« werden.

I.

Nun nahen neue Wonnen
Nun glänzt und grünt manch Land;
Schneerein nun rinnen Bronnen
Von nacktem Felsenrand,
Genzianen blühn daneben,
Von oben Sang schon klingt,
Denn rings ein ahnend Leben
Lenznahn nun drängend bringt!

II.

In Schnee und Regen
Den Winden entgegen,
Ohn' Klagen und Zagen
Lern' Ungunst kühn tragen!

III.

Endungen mit ngen, nken, ben, en, n, m

Bangen, verlangen
Nach prangenden Wangen!
Von Hoffnungen trunken,
In Ahnung versunken
Wanken und schwanken,
Dem Undank zanken,
Kein Heim erwerben;
Ohn' Lieben und Leben,
Streben und weben,
Verderben und sterben.
Dem Sensenmann zum Lohn gegeben –
Nennt's Unsinn nun ein Menschenleben!

M

Am leichtesten von allen Klingern ist wohl das M zu sprechen. Schon die erste Lautbildung des Kindes beginnt mit dem M, an das sich der Vokal A ganz natürlich anschließt: *Ma–ma.*

Die Artikulationsorgane sind nahezu untätig: die Zunge in Ruhelage, die Lippen (ohne Druck!) geschlossen. Trotzdem bemühe man sich um die deutliche Aussprache dieses Lautes. Sie wird unterstützt, wenn man, bei vorausgehendem Vokal, den Unterkiefer energisch anhebt, so daß der Lippenschluß stets von unten erfolgt.

Auch dieser Klinger ertönt durch die Nase, jedoch überwinde man gewisse Schwierigkeiten bei nachfolgenden oder vorausgehenden Mitlauten: *Lump, Samt, Kampf, krampfhaft* oder: *Halbmond, abmühn, Deckmantel.*

Im übrigen achte man auf den exakten Wortabschluß auf M (dasselbe gilt für das N!): *Am Ofen entschlief; im Osten einsam aber erklomm ein Stern.* Bei den Übungen kommt es auf die rasche Lautverbindung (vor allem mit Vokalen! an, sowie auf intensive Durchtönung des M mit festem Lippenschluß:

I.

Mir Armen im Kummer
Kommt manchmal mehr Mut.
Nimmt mit Himmels Milde
Marias Muttermacht –
Stumm Schmerz und Schmach von mir.

II.

Wechsel von N und M

Wenn Männer den Mädchen mal Ständchen bringen,
Im Nachen mit neckischem Brummen, mit Singen,
Dann murmeln die Muhmen mit Nasenrümpfen
Empfindsam und meinen, man müsse nun schimpfen!

III.

Man mime nie um nicht'gen Mammon!

R

Vielen Menschen fällt die fehlerfreie Bildung dieses Klingers schwer. Besonders dann, wenn er als freischwingendes Zungen-R auftritt, wie es die künstlerische Sprechgestaltung verlangt.

Man unterscheidet nämlich zwei Formen dieses Lautes: das linguale oder Zungen-R und das gutturale oder Gaumen-R. Jenes wird mit gehobener und vibrierender Zungenspitze gebildet, dieses dagegen (ähnlich wie das hintere CH) durch den verstärkten Hauch bei unbewegter Zungenstellung. Da hier das Zäpfchen die vibrierende Bewegung erzeugt, so entsteht meist ein dumpf-röchelnder, unschöner Klang.

Trotzdem lassen manche Sprecherzieher auch das Gaumen-R gelten, besonders dann, wenn es mundartlich bedingt ist oder wenn dem Schüler das Zungen-R aus anatomisch-physiologischen Gründen übertrieben schwerfällt.

Meist aber beruht die Hemmung, das R exakt zu bilden, auf einer trägen, unbeholfenen Artikulation, die durch Auflockerung der schwerfälligen Zungenwurzel zu beheben ist. Als sicherstes Hilfsmittel hierzu hat sich folgende Übung bewährt:

Man bereite das Zungen-R durch einen g e s u n g e n e n T o n vor, indem man den E i g e n t o n des Schülers (also den phonetischen Nullpunkt des Organs) aufsucht. Als Stammlaute benutze man das A und Ä, da sie das lockere Heben der Zungenspitze und damit die nötige Vibration ungemein erleichtern. Dabei erweist sich das energische Anfügen eines T vor oder nach dem R als zweckmäßig. Dem Zeitmaß nach also etwa so:

Diese Übungen sind mehr zu singen als zu sprechen, und zwar laut und hellklingend, bei vollkommener Vokalstellung die Oberlippe gehoben, der Konsonant anfangs kräftiger als der Vokal. Durch geduldiges Üben muß man dahin kommen, den richtigen Punkt der Zungenbereitschaft zu finden und festzuhalten, von wo die Schwingungserregung am leichtesten und sichersten vor sich geht.

Als weitere Übung benutze man das Wort: *drei*, indem man die Lautfolge: *d-d-d-dei, d-d-d-dei* erst langsam beginnend, dann immer schneller werdend artikuliert[1]).

Ist das erreicht (wobei das Gehör und Sprachgefühl des Schülers eine wichtige Rolle spielen!), so bemühe man sich um einen möglichst sorgfältigen Anschluß des Klingers R an die Selbst- und Mitlaute.

Am einfachsten ist der Übergang zum A, während schon beim I insofern Schwierigkeiten auftreten, als die h o h e Zungenlage die ungestörte Überleitung zur R-Vibration oft beeinträchtigt. Es entsteht dann das unschöne *wiar* statt *wir* oder *Biar* statt *Bier*.

Umgekehrt erschwert die t i e f e Zungenstellung die Verbindung zum U und Ü sowie zum AU und EU.

Steht das R am Ende einer Silbe, so schleicht sich oft ein unerwünschtes »e« ein, oder es verschiebt sich bei zweisilbigen Wörtern der Sprechakzent fälschlicherweise auf die zweite Silbe: *Vatér, Vettér, Rettér, wedér* usw. Hier sorge man frühzeitig für den richtigen Ausgleich.

Erst nach gründlicher Vorbereitung der korrekten R-Bildung gehe man an die folgenden Übungen heran, wobei der Laut mit größter Ruhe und melodischem Wohlklang geformt werden soll:

---

1) Da manche Schüler trotz eifrigster Bemühungen das Zungen-R doch nur sehr unzureichend erlernen, so folge man evtl. der Anregung F. K. Roedemeyers in dieser Frage: »Man wird die Forderung der Hochsprache, Zungenspitzen-R zu sprechen, nach den guten Gründen begreifen, aber man wird bei der verschiedenen Beschaffenheit der Gaumen, Zungen usw., bei der Art und Schwere mancher Angewöhnungen vielleicht doch etwas liberaler sein müssen – ohne dem Aussprechen zu schaden. Die Erfahrung hat gelehrt, daß viele Menschen mit einem guten Zäpfchen-R, bei sonst zulänglicher Sprechtechnik, besser fahren als mit dem oft einem Anquälen zu vergleichenden Anüben des Zungen-R, das am Ende doch nicht recht gelingen will.«

I.

Schwer heran braust Sturmeswetter,
Dräuend rasselt Donners Grollen!
Sturm und Brandung rauschen rasend,
Erde selber schwer erschütternd,
Donner furchtbar überdröhnend!
Rastlos, sonder Fährt' und Richtschnur
Irrt der Ritter durch der Berge
Rauhen Gürtel;
Rings umher durch scharf Gerölle
Rinnen klare Wasser nieder –
Immer weiter, ferner strebt er
Über rauher Berge Rücken,
Über Gründe, grün verranket,
Dringt er fürder – bricht durch Wirrsal.

II.

Grimmer Recke, störr'ger Krieger,
Schwerterklirrend tritt hervor!
Wer war dort der Mauerbrecher,
Der verheert mir Burg und Ritter?
Zerrt hierher mir den Barbar!
Rache schwor mir der Verräter,
Aber rascher wird dir werden
Kerker dort! – Verruchter Räuber!

III.

Lautfolge von R und M

Armer Mann, ermahne Armin:
»Wer Macht vermehrt,
Der minder' mancher Mutter Müh' –
Vermehr' vermess'ner Männer Mut!«

IV.

Folge von R und L

Zwar lockt gefährlicher Liebe Irrlicht,
Aber löblich überlistet der lautere Tor
Frevler Liebe Verleitung.
Leider läßt aber Lacher Lust
Lieber Lob zierlich verlauten
Für Klingsor, der lästerlich,
Begehrlicher Liebe Verlockung erlegen.

V.

Endsilben ern, ernd

Erzitternd gewittern
Schmetternd erschütternde Schauern!
Kletternd und kauernd,
Wandernd und lauernd,
Wimmernd zähnklappernde Bauern!

W

Das W schließt sich an das dunkle Vokalgebiet an. Es entsteht durch Lippenschluß und tönende Erregung der Stimmbänder. Dabei bilden Ober- und Unterlippe einen Breitenschluß, so daß der aus dem Kehlkopf kommende dunkle Klang gleichsam an den Rändern der tiefliegenden Zunge vorbeistreicht und die Unter- und Oberlippe zugleich in Vibration versetzt.

Um einer Verwechslung von W und F vorzubeugen, übe man: *auffinden – aufwinden; auffallen – aufwallen; Aufwand, Schafwolle* usw. Der Anschluß an die übrigen Klinger ist einfach: *Schallwelle, talwärts, Hohlweg, anwenden, Urwelt.* Etwas schwieriger dagegen ist der Übergang zu den Verschlußlauten: *Leibwäsche, abwälzen, Kopfwendung, Schlupfwinkel.*

Nach Vorübungen mit anlautendem W *(wa – wo; wi – wü; we – wö; wei – weu)* spreche man den nachstehenden Vers, erst langsam und gut rhythmisch, dann etwas schneller und lauter:

Wie wär's wohl, wenn wir weilten,
Wo wogende Wellen weich winken,
Wo wonniges Wehen im Walde,
Wenn Westwinde wiegen und weben?
Wohl werden wir weilen wo Waldweh'n,
Wo wallende Wellen sich wiegen,
Weil Waldwonnen Wunder wohl wirken.

J

Während das W an die dunklen Vokale (U) anschließt, entspricht die Artikulation des J phonetisch dem hellen I. Der vokale Anschluß sei rasch und ungezwungen, da jedes tönende Verweilen auf dem J schlecht und geschmacklos klingt: *j-a, J-ammer, J-ubel* usw. Stets muß der Nachdruck auf dem Vokal liegen.

Bei natürlicher Lippenstellung ist die Zunge vorgeschoben und hoch gewölbt wie beim I. Zwischen Gaumenbogen und Zungenrücken bildet sich ein enger Raum, durch den der mit einem Reibungsgeräusch verbundene, aber tönende

Laut energisch geführt wird. Je nach der Beschaffenheit des anschließenden Vokals senkt sich der Unterkiefer mehr oder weniger: *ji – je – jä – ja; ji – jü – ju – jo*. Schwieriger ist das: *jeu*. Man spreche diese Übungen mit frischer, hellklingender Stimme, bis der rechte Anschlagspunkt ganz vorne zwischen den oberen Schneidezähnen und der Zungenspitze gefunden ist.

Es gibt nur wenige Worte, in denen das J in der Mitte zweier Silben steht: *Troja, Maja, Mirjam*. Man unterscheide die Aussprache von: *Troja* und *O ja* durch leichte Trennung. Ebenso bei: *O Jammer! Da Joseph kam. Wie jubeln jene. Ei ja!*

Das J kommt auch bei Übergängen von den Doppellauten EI oder EU zum E als Anlaut zur folgenden Silbe vor: *Klei–e; schrei–en; Treu–e; freu–en* vor; dagegen ist es bei gedehnten Silben zu vermeiden: *flieh–e; zieh–en; nie entflieh–end*. (Auch kein Dehnungs-H darf sich in diesem Falle einschieben!) Auf diese feineren Klangschattierungen bei den Übergängen ist mit Bedacht hinzuarbeiten:

Jubelnd, johlend und jauchzend,
Jetzt im Jänner des Jahrs.

*

Eine Zusammenstellung sämtlicher Klinger zu einer fortlaufenden Sprachstudie soll die Behandlung dieser Lautgruppe beschließen. Dabei wird der Lehrer erkennen, ob die Sprechstimme des Schülers geschmeidig genug ist, um die Vokale und Konsonanten vollendet verschmelzen zu können. Hierdurch allein ist die lebendige »Sprachmelodie« zu erreichen. Ausgehend vom zartesten, aber immer metallisch klingenden Pianissimo, steigere man den Sprechton bei allmählicher Aufhellung bis zum volltönenden Brustklang. Dadurch entwickelt sich das Organ zu mächtiger Klangfülle, und der Schüler lernt am besten die den Klingern innewohnende, lautverbindende Wirkung dem melodischen Fluß der Sprache fruchtbar zu machen:

Leeren Wahn wohl will man nennen
Jene Minne ohne Reine:
Wie im Meere Wellen rinnen,
Wallen Wonnen wirr im Innern,
Ohne Ruh' je zu gewähren.
Wahre Minne wolle nennen
Jene warmen, reinen Wonnen,
Deren Helle all' erwärmen
Wie ein reiner Wein den Waller!

2. DIE REIBELAUTE

Vorderes CH

Es gibt ein vorderes und ein rückwärts gelegenes CH. Jenes schließt an die hellen Vokale bzw. in das J der Klingergruppe an, dieses an die dunklen Vokale bzw. an die Gaumenlaute.

Bei der Bildung des vorderen CH ist die Stimmritze mäßig geöffnet, so daß sie nicht tönend mitschwingen kann. Die energisch geführte Ausatmung, bei gleichzeitig starker Zusammenziehung des Zwerchfells, wird, unter Beihilfe der beteiligten Organe: weicher Gaumen, Zäpfchen, Zunge und Gaumensegel, zu einem scharfen Geräusch.

Die Zunge ist wie beim I gehoben, das Zäpfchen gesenkt und durch die Reibung der ausströmenden Luft nach vorne gerichtet, während die Stellung des Kehlkopfs durch den jeweils vorausgehenden Vokal bestimmt wird: höchste Stellung bei *»ich«*, tiefste bei *»uch«*.

Je mehr das CH seinen Anschlagspunkt nach vorne verlegt, desto enger wird die Schallrinne und um so intensiver das im übrigen völlig tonlose Geräusch. In Verbindung mit Vokalen verändert sich der Anschlagspunkt nach rückwärts, wobei sich Zungenbein bzw. Kehlkopf senken und der Gaumenraum sich öffnet: *ichi, eche, ächä, acha, ocho, uchu.* Es entsteht das hintere CH.

Der Konsonantenanschluß an das vordere CH bietet kaum Schwierigkeiten, es sei denn, die Artikulationsfähigkeit des Schülers würde durch Lücken der vorderen Schneidezähne oder durch einen defekten Gaumen beeinträchtigt.

Die nachfolgenden Übungen können bei jeder Beschaffenheit des Organs geübt werden, man achte nur auf den möglichst vorgelegten Anschlagspunkt und auf einen guten Vokalübergang:

Vorderes CH

Nicht schlechte Wächter scheuchen
Wichte, welche frech lächelnd,
Ziemlich bezecht – möchten flüchtig entweichen.

Schüchtern, verächtlich, gleich Kätzchen weich schleichen,
Sichtlich gemächlich, recht heuchelnd sich fächelnd.

S

Während bei der Bildung des CH sich weicher Gaumen und Zäpfchen senken, so strömt beim S der Luftstrom unbehindert hindurch. Seinen säuselnden Klang erhält der Laut erst durch den Widerstand an den vorderen Schneidezähnen, wo sich, bei gesenkter Zungenspitze, eine schmale Schallritze bildet. Die Oberlippe ist gehoben, die untere legt sich an die untere Zahnreihe an.

Die häufig anzutreffende Mißbildung des »Lispelns« läßt sich, sofern sie nicht auf anatomischer Veränderung, sondern auf schlechter Angewohnheit beruht, auf folgende Weise korrigieren: man lege die Lippen und die vordere Zungenpartie übertrieben in die Breite, hebe die Mundwinkel wie zum Lächeln und spreche bei gesenkter Unterlippe und ruhig durchstreichender Luft die Silben: *sa – sä – se – si*. Dabei verlängere man allmählich das Anlaut-S unter gleichzeitigem Crescendo: *ssssa! ssssä!* usw. Diese Übung wiederhole man mit Ausdauer und Geduld.

Unsere Sprache kennt zwei verschiedene S-Laute: das weiche (stimmhafte) An- und Zwischenlaut-S und das scharfe (stimmlose), verdoppelte, das entweder zwischen zwei Silben oder am Schlusse eines Wortes auftritt. Der physiologische Unterschied beider Laute besteht darin, daß beim verschärften S die Schallritze zwischen den Zähnen und der Zunge durch verstärkte Ausatmung und Hebung des Unterkiefers verstärkt wird: *blasen – blaß; Base – Baß; Riese – Riß.*

Bei weiter verschärftem, d. h. verdoppeltem S (SS, SZ), darf zwar keine Lauttrennung stattfinden, wenn auch, bei anlautenden Silben, das zweite S den Klangstrom leicht unterbricht, um den Silbeneinschnitt hörbar werden zu lassen: *wissen, wessen, fassen.*

Das S bewirkt, je nach der eigenen physiologischen Beschaffenheit, eine Kürzung bzw. Dehnung auf die nachbarlichen Vokale: *blasen – Blässe – blaß; genas – Nässe; Wesen – wessen – wes; Rose – Rosse – Roß.*

Der Lautanschluß an die Klinger ist ohne Schwierigkeit. An die hellen Vokale ist er leichter als an die dunklen; nur an die Gaumenlaute schließt er sich etwas schwerer an: *wachsam, Kochsalz, Tragsessel, Rucksack, Weitsicht, Waschseil* usw.

Als Urlaut wirkt das S klangsymbolisch entweder beruhigend oder, bei stärkerer Phonation, aufscheuchend.

Bei den nachfolgenden Sprechversen hebe man durch leise Rezitation den »Säusellaut« S gut hervor, trenne aber dennoch die aufeinanderfolgenden Schluß- und Anlaut-S deutlich:

I.

Es senkt sich sacht die Sonne,
Sanft säuselt's längs dem Flusse;
Leis singt selbst ems'ge Drossel,
Rings Sehnsucht süß entfesselnd.

II.

Des Westwinds Säuseln leis erst kräuselt's
Das Wasser, bis es saust und brauset.
Sieh! sorgsam sitzt im Sand der Sylph,
Singt sanftes, süß beseeltes Wissen –
Daß Seglers Sinn sich freut des Singsangs!

Sonst saßen Sänger selbst am See,
Sittsam niemals – sie suchten sorglos
In Saus und Braus, sinnlos wie Samson,
Solch seltsam Sein sich zu versüßen.

III.
Selbstsucht ist solch böses Laster,
Daß sogar es solche hassen,
Die sonst selbst nicht selten sünd'gen.

Z

Dieser Laut entsteht physiologisch, wenn ein verschärftes S durch den Zungenexplosivlaut T angelautet bzw. mit ihm zu einem energischen Zischlaut verschmolzen wird. Insofern achte man gerade beim Anfänger auf eine straffe Artikulation.

Die zunächst gehobene Zungenspitze bildet mit den Zähnen einen festen Verschluß, senkt sich dann aber plötzlich, um dem verstärkten Luftstoß die Schallritze genügend frei zu machen. Dies übe man anfangs durch längeres Verweilen auf dem T, dem dann der zweite Laut um so eindringlicher folgt: *Schät-ze; Het-ze; Hit-ze.*

Die Verbindung des Z mit den Vokalen – ob als An- oder Auslaut – ist überall leicht. Der Vokal wird kurz (die dunkeln offen), wodurch der artikulatorische Akzent auf den Konsonanten fällt; daher auch die übliche Schreibweise, die dem Z noch ein T voraussetzt: *Schatz, Katze, Witz, Schütze.* Dagegen bewirkt ein vorausgehender Doppellaut eine geringe Dehnung der Silbe: *Schnauze, Kautz, Weizen, Beize, Käuze.*

Beschließt das Z, nach vorausgehendem Klinger, das Wort, so verkürzt sich dessen Klangvolumen entsprechend: *Salz, Holz, Schanz, Tanz, Herz, Gewürz.* Nur bei weiblicher Silbenendung ist es anders: *Walze, Pilze, Schanze, Lanze, Kerze, Gewürze.*

Am schärfsten klingt das Z, wenn ihm ein T als Silbenlaut folgt: *Schmalztopf, Schmelztiegel, Märztag,* während er durch Vokalanschluß wieder aufgelockert wird: *Märzabend, Schutzengel, gewürzig.*

Eine eigentümliche Vermischung von S und Z, wobei sich die Verwandtschaft der beiden Laute zeigt, ergibt sich bei Wortschlüssen wie: *rauscht's, erfüllt's, nirgends,* wo das S zum Z wird. Ebenso: *Hals, gleichfalls, als.*

Bei den Übungen unterscheide man die Schärfe des Z deutlich von dem mehr dünn klingenden S – eine der größten Schwierigkeiten, die der Anfänger zu überwinden hat:

I.

Wechselfolge zwischen S und Z

Es zogen zwei Sänger zum säuselnden See,
Zart sangen zur Zither sie Tänze;
Daß Zeisig ganz sacht zur selben Zeit
Sich zurückzog zu des Waldsaumes Grenze.
Sie seufzten nach Zeiten, so rosig, so süß,
Als sorglos, selbst sonder Zagen,
Des Sängers Los man selig pries –
Zart wußt man Seltsames zu sagen:
Daß so Zanksucht als Zorn sich selten gezeigt,
Als Zukunftsängers zärtlichste Weisen,
Des süßen Zusammenseins sel'ge Zeit
Zunftmäßig suchten zu preisen.

Um die äußerste Verschärfung des Zischlautes zu erreichen – bei nachfolgendem T am Ende der Silben –, spreche man im folgenden die Konsonanten bei voller Stimmkraft möglichst scharf. Dabei trenne man anfangs Wort und Silbe, um erst allmählich zum glatten Fluß des Vortrages zu kommen:

II.

Jetzt wetzt der Letzt',
Gehetzt entsetzt
Des Messers flitz'ge Spitz'!
Erhitzt, geritzt –
Von Schmerz zersetzt –,
Reizt's Herz des Streites Hitz!

SCH

Während es z. B. in der englischen Sprache einen weichen, stimmhaften Rauschlaut Sh gibt, so bevorzugen wir im Deutschen das SCH anstelle S, wenn dieses im Silbenlaut am Anfang oder in der Mitte eines Wortes, mit T oder P zu einem Doppellaut verbunden, steht: *Stab – Wanderstab; Steig – Bergsteiger; Strumpf – Strickstrumpf; Spalt – Felsspalt; Spitz – Bergspitze.* Als Silbenauslaut indessen erklingt S und T getrennt: *List, West, Rost* usw. Auch: *lis–tig, Wes–te, Pos–ten.*

Im übrigen verbindet sich das SCH mit allen anderen Lauten, besonders mit den Klingern, leicht. Man achte nur darauf, daß der Raum im Rachen, ebenso zwischen Zunge und hartem Gaumen, möglichst weit ist, damit sich der anschließende Vokal oder Klinger klanglich entfalten kann.

1. Den größten Raum erfordern die dunklen Vokale und die Doppellaute. Die Zunge ist rinnenartig gewölbt, die Lippen werden vorgeschoben und der Ansatzpunkt nach vorne verlegt: *Busch, Schuh, Scholle, Scheu, Geräusch, Rausch, erlauscht.*
2. Bei hellen Vokalen (auch bei den Mischvokalen = Umlauten) suchen wir einen mittleren Anschlagspunkt, indem sich die Lippen an die Zähne annähern. Dadurch wird auch der Rauschlaut heller: *Asche, Wäsche, Esche, schön, Schüsse.* Ebenso bei Klingern: *Mensch, unwirsch, schnell, Schwelle.*
3. Der hellste Rauschlaut (Anschlagspunkt am Innern der Oberzähne, Zunge rückwärts etwas gehoben und die Unterlippe an die untere Zahnreihe angelegt) entsteht in Verbindung mit I oder E: *Wisch, Fisch, Geschick, Schiff, Schere, scheel.*

Für sich allein betrachtet, drückt das SCH als Anlaut das mächtig Vordringende, Erregte aus, auch wohl das dunkel Dämonische: *Schall, Schauer, Schande, Schuld, Schimpf, Schurke, Schuft, Scheusal.*

In Verbindung mit den Klingern ist die Ausdrucksfähigkeit ungemein vielseitig und farbenreich:

Schm: drückt das Weiche, Geschmeidige aus: *Schmalz, schmiegen, schmeicheln, schmieren, schmunzeln, schmollen,*

Schl: versinnbildlicht das Abgerundete, gleichsam die Kreislinie: *Schlange, Schlinge, Schleife, Schloß, Schlauch, Schlüssel, Schlucht, Abschluß.* Sehr bezeichnend: *schleichen, schlurfen, schluchzen,*

Schn: bezeichnet nicht zu verkennende Naturlaute: *schnauben, schnarren, schnappen, schnalzen, Schnauze, schneiden, schnell, schnippisch, Schnickschnack, Schneck,*

Schw: wirkt weich, beweglich wie Wellenlinien: *schwingen, schwimmen, Schwung, Schwelle, Schwan, Schwalbe, schweifen,*

Schr: rauh abstoßend und aufgeregt: *Schrei, schrill, Schrecken, Schrulle, Schramme, schroff.* Noch gesteigert bei vorausgehendem R: *barsch, morsch, unwirsch, Bursch,*

St: gebieterisch, auflehnend: *Steh! Stillstehn! Stirb! Starr, stumm, störrig, stürmisch, stemmen, stampfen, Stoß, Stich, Sturz* usw.,

Sp: drückt entweder das Anprallen und Abstoßen aus: *Sprung, spreizen, spritzen* oder das Verächtlich-Wegwerfende: *spitz, Speer, Spieß, speien, spucken, Spott*[1]).

---

1) Auch hier vertritt Hey, im Gegensatz zu anderen Stimmbildungslehren, eine sehr fortschrittliche Auffassung, die in der neueren Literatur »Lautpantomime« genannt wird. Sie setzt sich immer mehr durch und ist gerade für die phonetische Arbeit im Sinne Heys von außerordentlicher Bedeutung. Leider kann hier nur kurz auf Egon Fenz' »Vom Mythos der Sprache« (seinen »Zehn Reden auf das Lebendige«, Wien 1943) und auf das ausgezeichnete Buch »Gestalt und Leben der Sprache« von Michael Aschenbrenner (München 1952,) hingewiesen werden.

Erschwert ist die Aussprache des Spr bei vorausgehendem r oder rt: *Versprechen, Mutter-sprache, das Schwert sprang.* Ebenso bei st und str: *Rechts-streit, Richt-strang, Gerichts-strenge.*

Diese und andere Schwierigkeiten – vokaler Anschluß an St und Sp – sollen mit Hilfe der folgenden Verse so lange geübt werden, bis die Sprechorgane ebenso zwanglos als fließend die rasche Folge zu bewältigen vermögen.

I.

Anlaut-St.

Stündlich stöhnt der störr'ge Strolch,
Stemmt sich stramm zu starkem Sturz –
Stampfend stets die Strohbettstatt –
Stumpf gestützt auf strupp'ge Streu.
Still und staunend steht der Strenge,
Stumm, bestürzt zum Sträfling starrend! –

II.

An- und Auslaut-St

Bemoost wächst nächst dem Strom ein Stamm,
Feststämmig stolz strebt sein Geäst
Stromwärts, und weist nach Ost und West.
Sonst nisten Stare stets im Stamm –
Doch Sturm zerstörte Ast um Ast,
Daß längst zerstob das Starennest.

III.

Sp - Sch

Specht, Spatz, Sperber sprangen spornstreichs,
Spottend Spangen, Sparren, Sprossen,
Spät aus spitz'gen Speichers Spalte
Speis' und Speck im Spinde spähend.
Schießen schleunig, schier verschwindend,
Schlangenschleichend, scheu und schlurfend,
Schnell zum schmalen Schlossesschornstein,
Schrillen Schreis den Schloßschenk schreckend!

F, V, PF

Diese Gruppe der Reibelaute ist zwar nicht schwer zu bilden; trotzdem wird die Vokalfolge, also der Sprachfluß, durch sie häufig gestört, und zwar dadurch, daß infolge fehlerhaften Nachschiebens der Luft aus den angefüllten Lungenflügeln eine zu rasche und daher übertriebene Entleerung erfolgt. Daher ist die F-Bildung zunächst durch richtige Lungen- und Zwerchfelltätigkeit zu regeln, wobei es vor allem auf einen einwandfreien Stimmbandschluß ankommt.

Die Mundstellung ist folgende: die Ober- und Unterlippe ziehen sich, leicht aufwärtsstrebend, nach der Mitte hin zusammen. Dadurch erfolgt eine leichte Berührung mit den oberen Schneidezähnen, so daß die ruhig strömende Ausatmungsluft durch die schmale Öffnung geblasen wird.

Man übe mit kurzen Silben sowohl den verschärften (angehaltenen) F-Laut als auch den nachfolgenden schnellen Fall des Unterkiefers: *Fall = Fffall; Fang = Fffang. – Fffi, Fffu, Afffe, Pfiffig, Pfeffer, Schiffahrt* usw.

Das V wird bei deutschen Wörtern ebenso stimmlos gesprochen wie das F: *Verlust, verloren, von, viel.* Bei Fremdworten dagegen stimmhaft: *Revolution, Convent, Absolvent.* Hierbei wird der Unterkiefer ein wenig vorgeschoben und die Lippen etwas mehr übereinandergestellt, so daß ein Laut zwischen F und W entsteht.

Die zusammengesetzte Bildung des PF wird leichter, wenn man die Lippenstellung des P-Anlautes möglichst dem F annähert. Dennoch muß die Verschmelzung beider Laute kurz und energisch sein: bei Silbenabschlüssen verschärft, bei Vokalen oder gedehnten Silben dagegen weicher: *Pfad, Pfuhl.* Schwierig zu sprechen sind zwei aufeinanderfolgende PF: *Sumpfpflanze, Kopfpfühl.*

Zu bemerken ist noch, daß das (griechische Schriftzeichen) PH genau wie ein F gesprochen wird: *Philosophie, Physik* usw.

Besondere Beachtung erfordert (auch bei den Sprechversen) noch der Unterschied zwischen an- und auslautendem PF: *Pfui!, Pfiff – Rumpf, Sumpf.*

I.

Fischfrevler Franz fing frech
Vorm Flußfall fette Fünffingerfische.
Vier fichtne, feste Fischfässer
Faßten vollauf den Fang –
Viele freilich flitzten flott davon!

II.

F, V und Pf

Vielfach verfolgt von pfiffigen Pfaffen,
Verpflegt vom Freund – ein Pfui! vom Feind
Verfügten flücht'ge Freistatt
Vier friedvoll fromme Freifrau'n!
Für fünffachen Frevel fluchvoll verpfändet,
Verfallen dem Pfeile finstrer Verfolgung –
Verhalfen feinfühlige Frauen zur Flucht.

III.

Grashupfer schlüpft,
Der Tropf – und hüpft,
Mit Zopf und Zipfel –
Aus Sumpf zum Wipfel!

3. DIE VERSCHLUSSLAUTE

K — CK

Der Name Verschluß- oder Explosivlaut bedeutet, daß bei der Bildung dieser Konsonantengruppe die Ausatmung an einer bestimmten Stelle des Ansatzrohres bis zum völligen Verschluß zurückgestaut wird, bis sie dann, durch plötzliche Überwindung dieser Hemmung, zur deutlich hörbaren »Explosion« kommt. Diese Hemmung kann entweder am rückwärtigen Gaumen erfolgen (K, G), hinter den Zähnen (T, D) oder durch entsprechenden Lippenschluß (P, B). Je nachdem spricht man von Gaumen-, Zungen- und Lippenlauten bzw. von gutturalen, dentalen und labialen Konsonanten. Beim K stemmt sich der Zungenrücken gegen den hinteren Teil des harten Gaumens und schließt dadurch das Schlundrohr und die Stimmritze ab. Der Laut entsteht nun dadurch, daß die gehaltene Luft plötzlich losgelassen wird und infolge der geöffneten Stimmbänder und der gesenkten Zunge mit einem deutlichen »Knall« in den Mundraum eindringt.

Dieser Luftwiderstand, der nicht übertrieben werden darf, ist beim CK am stärksten. Auch beim K darf er nicht energielos sein, um nicht mit dem G verwechselt zu werden: *Werg* statt *Werk* oder *Glüg* statt *Glück.*

Besonders bei nachfolgendem T muß das K deutlich gesprochen werden: *verstärkt, geweckt, umrankt, winkt.* Man unterscheide: *singt – sinkt; drängt – tränkt.*

Das anlautende K bereitet keine Schwierigkeiten, nur darf sich (bei nachfolgenden Vokalen und Doppellauten) kein unschön übertriebenes Geräusch einschalten. Um dieses zu erreichen, übe man (auf allen Vokalen) den Wechsel von K und G mit kurzen Silben: *ga–ka; go–ko; gi–ke; gä–ka.* Oder auch: *Krumm und grau; gräßlicher Kropf.*

Man achte darauf, daß sich der Unterkiefer rasch senkt und daß jeder Druck im Rachenraum vermieden wird.

Erheblich schwieriger sind die Lautfolgen: *Eckschrank, Strickstrumpf* oder gar: *Frackknopf, Eckkegel, Strickgarn.* Durchaus fehlerhaft ist die Zusammenziehung *Fra–knopf, Stri–garn.* Die richtige Trennung erreicht man durch möglichst schnelles Sprechen: KKK (mit jedesmal nachfolgendem kurzen Hauch) oder auch: *akka, okko*[1]).

Bei den folgenden Übungen sei die Artikulation stets sanft und weich abgerundet, die Unterkieferbewegung dagegen energisch, allerdings ohne irgendwelchen Druck zu erzeugen. Beim CK verschärft sich die Artikulation.

---

1) Vielfach wird auch die Auffassung vertreten, daß in der flüssigen Rede gleichartige Laute zusammengezogen werden: Stückgut, auch Wandtafel, Laib Brot, aber: Tisch/chen. (Vgl. Chr. Winkler, a. a. O. S. 327.)

I.

Anlaut-K

Kummerkrank kauernd – kaum karge Kost,
Krummgeknebelt – kalte Kette des Kerkers;
Keine Kunde vom kranken Kinde –
Kommt kecker Kerl und kündet
Kühnem Krieger künft'gen Kampf!

II.

Anlaut-CK

Bepackt mit Rucksack,
Geneckt im Zickzack –
Blick' nur keck zurück,
Trink' 'nen Schluck dem Glück!
Denk' was drückt und zwickt,
Schicksals Tücke schickt!

G

Beim G ist der Zungendruck weicher und lockerer, der Nachhauch milder als beim K. Wir unterscheiden drei Hauptschattierungen des G:

1. Das ganz geschlossene G. Der Zungenrücken ist weich gegen den harten Gaumen angelegt, ohne jeden aspirativen Druck (wie beim K). Ob der Anschlagspunkt mehr vorne oder rückwärts liegt, bestimmt der nachfolgende Vokal: bei den dunklen Vokalen liegt er hinten, bei den Doppellauten EI, EU usw., auch bei Ü und Ö in der Mitte und bei den hellen vorne: *gab, Gott, Gut, Gaul, Geist, gäb, gütig, gehen, Gift.*

2. Das halbgeschlossene G. Hier berührt die gehobene Zungenfläche die Gaumenwölbung nur ganz leicht, so bei E oder bei den Endsilben *en, er, es: innige, sündigen, nichtiger, wichtiges, flüchtigstes.* Dasselbe gilt bei vorausgehenden Klingern: *Talg, Balg; Zwerg, Sarg.* Bei *Sieg, Krieg, lag, sog, schlug* sind die Vokale lang, ebenso beim nachfolgenden T: *biegt, legt, schlägt, nagt.*

3. Das offene G. Hier ist der Gaumenschluß völlig aufgehoben, und es entsteht zwischen dem Gaumen und der Zunge eine Schallritze, so daß ein sanfter Rauschlaut entsteht, ähnlich wie beim CH: *König, ewig, selig, freudig, schwindlig, eckig* usw. Wird aber z. B. den Wörtern *König* oder *ewig* die Silbe »lich« angehängt *(königlich, ewiglich)*, so wird das ablautende G der Mittelsilbe als geschlossenes G gesprochen *(köniklich)*. – Besondere Beachtung ver-

dient der Wechsel vom offenen zum halbgeschlossenen G: *Zwerggestalt, Zugkraft, ewig krank*[1]).

Diese artikulatorischen Unterschiede finden sich in den folgenden Sprechversen:

I.

Geschlossenes Anlaut-G

Gar gnädig gibt Gott
Gaben an Geld und Gut;
Ganz gern gab Gregor der Große
Güter und Gold
Gegen Gottes Gnadengut hin.

II.

Wechsel zwischen CH und halbgeschlossenem G

Nach windigem schwindligem Weg,
Auf fährlich leichtbrüchigem Steg
Durch eckige, zackige Schlucht –
Welch unsäglich klägliche Flucht!

III.

Wechsel zwischen CH und halbgeschlossenem und offenem G

Nach solch nichtigem Krieg
Lacht nicht Rache noch Sieg! –
Ach, zag und reuig wieg' ich
Mich lässig im Reigen der Nacht,
Die nicht lauschig und sinnig,
Auch nicht selig noch minnig –
Doch nur flüchtig üppiges Schwelgen gebracht!

---

1) In manchen Dialekten wird gerade der G-Laut unschön oder falsch ausgesprochen, z. B.: *Wagen* (Wachen), *verwegen* (verwechen), *General* (Cheneral). Auch die volkstümliche Rufform von *Georg (Schorsch)* gehört hierher; es finden sich sogar Lautverschiebungen: *Guten Morgen!* (Guten Moin!). – In manchen Fällen ergeben sich allerdings auch gleichberechtigte Unterschiede in der Aussprache, die durch den Anteil des Niederdeutschen und des Hochdeutschen in der Entwicklung unserer Sprechweise bedingt sind, so z. B. die Wörter: *Tag, schlug, Sieg,* die im Hochdeutschen mit Verschlußlauten (tak, schluk, sik), im Niederdeutschen mit Reibelauten (Tach, schluch, Siech) gesprochen werden. Manche Sprecherzieher (z. B. Winkler) fordern in diesem Falle grundsätzlich: »G darf nicht Reibelaut werden«.

Q

Die Aussprache des Q (KW) macht keine Schwierigkeit. Nur muß man beachten, daß die Lippen nicht zu sehr nach vorne geschoben werden, sonst entsteht das unschöne: *Ku-wal* statt *Qual.* Übungen: *Qual, Quell, quillt, Quarz, quirlen* usw.

Erquickende Quelle quillt quirlend empor.
Quiekende Quinten quälen quengelnde Quäker.

Hinteres CH

Im Gegensatz zu dem auf S. 48 besprochenen vorderen CH, gibt es noch einen Gaumenlaut CH, der den Übergang zum tonlosen Hauchlaut H bildet. Und wie das H sich an das A anschließt, so erhält auch das CH (hinten) sein charakteristisches Gepräge durch den physiologischen Zusammenhang mit diesem Vokal: *ach!*

Bei der Bildung des CH ist das Gaumensegel gesenkt, so daß das schlaff herabhängende Zäpfchen (bei gehobenem Zungenrücken) durch den aus weitgeöffneter Stimmritze strömenden Atemhauch in andauernde Erregung versetzt wird. Dennoch muß dieses gutturale Geräusch klanglich tragfähig sein, damit die nachbarlichen Vokale nicht beeinträchtigt werden. Man rücke daher den Gaumenanschlagspunkt doch möglichst nach vorne und verbinde die Nachbarlaute gut mit der Resonanz.

Da das CH niemals als Anlautkonsonant auftritt, so kommt als Vokalverbindung nur das neutrale E in Frage: *Wache, Sache, Lachen.* (Ein der Schreibweise nach anlautendes CH: *Chronik, Chemie* usw., wird wie K gesprochen!)

Während die hellen Vokale und alle vorausgehenden Konsonanten die vordere CH-Bildung bewirken, lösen die dunklen: A, O, U und AU, das Gaumen-CH aus: *Nacht, och, Flucht, auch.* Folgt dem hinteren CH ein S, so verschmilzt es mit diesem zum KS oder X: *Dachs, Wachs, Ochs, Fuchs.* Nur bei der Genitivbildung, wenn also zweisilbige Worte einsilbig werden, wird das CH als Rauschlaut gesprochen: *Krach's, Dach's. Loch's.* Folgt dem CH ein Z, so bleibt jenes unverändert: *krächzt, jauchzt, schluchzt.*

Schwieriger ist der lautreine Vokalanschluß: *Brachacker, Kochobst, Tuchanzug.* Doch auch: *Armin! Ach, Armer!*

Bei an sich gaumiger Sprechweise des Schülers suche man eine Art Zäpfchengymnastik zu erreichen, und zwar durch ein hellklingendes, vorn anschlagendes A, bei ruhig gehobener Gaumenstellung im Staccato. Auch den Übergang vom vorderen zum hinteren CH vernachlässige man nicht: *ichi, üchü, uchu, eche, öchö, ocho.*

Die Ausbildung des Ohres für diese feinsten Artikulationsunterschiede muß bei allen Sprechübungen obenan stehen.

IV.

Wechsel zwischen dem vorderen und hinteren CH

Auch ich weich' nicht
Solch frechem Wicht,
Doch leicht bricht nicht solch Joch.
Durch schlechte Streich'
Macht Knecht sich reich,
Schleicht nachts sacht, lächelt noch!
Deucht's euch auch Nacht –
Reichsacht doch wacht!

V.

Kombinierte Vorder- und Hintergaumenlaute

Ach welch Ringen, welch Schmachten
Des kühnen Geist's nach dem Kampftag;
Doch nicht Krieg schickt Gott
Noch Rache – nur klägliche Knechtung!

H

Dieser Hauchlaut bildet, wie bereits besprochen, die natürliche Vorbereitung zum hinteren CH und zugleich auch einen Übergang vom Vokal- zum Konsonantengebiet. Er entsteht entweder durch ruhige oder stoßweise Ausatmung mit weitgeöffnetem Rachenraum, wobei das gehobene Gaumensegel den Weg in die Nasenresonanz absperrt. Die Zungenlage ist die gleiche wie beim A, so tiefliegend wie möglich. Durch verstärkte Lippenrundung kann das H dem O oder U angenähert werden, im übrigen soll der Hauch sozusagen auf dem »Nullpunkt aller Artikulation und Phonation« frei strömen.

In der Sprache findet sich das H sowohl als Anlaut vor den Vokalen als auch als Dehnungszeichen nach den Vokalen innerhalb oder am Schlusse der Silben: *Wahn, wohnen, Kuh, roh, Reh.* Auch als Dehnungszeichen bei der Vokalverdoppelung steht das H, um die Verschiedenheit der Wortbedeutung auszudrücken: *Ahl – Aal; Mohr – Moor; gelehrt – geleert.*

Tritt es im Infinitiv von Zeitwörtern oder in manchen Hauptwörtern auf: *sehen, fliehen, Höhe, Mühe,* dann wird es oft fehlerhaft gesprochen. Nämlich als stoßweises H: *se–hen, Hö–he,* statt daß das neutrale E der Endsilben: »e«, »en« oder »er« sich weich und elastisch (auch ohne J-Einschub) anschließt. Ausnahmen: *spähen, mähen* usw.

Bei Interjektionen (Ausrufen): *Ah!, oh!* wird der Ausdruck nicht selten durch einen deutlichen Nachhauch gesteigert. Im übrigen ist der Stärkegrad des H im Anlaut verschieden, je nach der Kürze oder Dehnung der Worte: *Hast, hofft, hell* oder: *Hehl, Has', Hohn.* Bei Ausrufen wie: *Ha!* (auch *ha, ha, ha!*) oder *Hussa!* ist das H immer kurz.

Nach gedehnten Vokalen unterstützt ein langsam gehauchtes H die Bedeutung der Weite oder des Erhabenen: *Halle, Himmel, Huld, Hauch, hehr, hoch, erhaben, heil'ge Hymnen.* Daß hierbei auch die Klinger den Ausdruck wesentlich vertiefen, ist klar.

Anlaut-H

Hinterm Haus heult Hassan,
Harrachs Hofhund, heißhungrig hervor –
Hetzt herzhaft Hennen und Hahn
Halb haushoch zum Heuhaufen hin!
Hoiho! hallt hastig des Hausherrn Horn!
Hierher, Hofhund! – –
Horch, hurtig huscht Hassan zur Hütte.

Ehe nun abschließend die beiden letzten Paare der Verschlußlaute (D – T, B – P) behandelt werden, soll noch ein zusammenfassender Überblick von verwandten Wortbildungen folgen. Diese Aufstellung zeigt die jeweiligen »Ansatzpunkte« der drei Innen- und Auslautkonsonanten CH, G, K (CK) und die hieraus sich ergebende Silbenbetonung:

A. Vorderer Ansatz Anschluß an die Vokale: I, E, Ä, AI, EI			B. Mittlerer Ansatz Anschluß an die Klinger und Vokale: R, L, N, M, Ü, Ö, EU, ÄU			C. Hinterer Ansatz Anschluß an die Vokale: A, O, U, AU		
Artikulation:			*Artikulation:*			*Artikulation:*		
Lebhaft	Langsam	Energisch	Lebhaft	Langsam	Energisch	Belebt	Breit	Sehr rasch
sich	Sieg	sickern	Lerche	Berg	Park	wach	wag'	wacker
Licht	liegt	blickt	horchen	borgen	Borke	Sach'	sag'	Sack
flieht	fliegt	flickt	Morchel	Gurgel	Gurke	Nacht	nagt	nackt
recht	regt	reckt	Molch	—	Molke	doch	Dogge	Dock
Hecht	hegt	heckt	Gerücht	gerückt	gerückt	roch	Roggen	Krokodil
Flechte	pflegte	fleckte	züchten	Zügen	zückte	Fluch	Flug	flugs
Wächter	wägt er?	weckt er?	höchst	—	Höcker	Buch	Bug	Puck

Gleiche Länge und Betonung der Silben bei Ch und G durch verlangsamte Doppellautbildung:

Teich	Teig	Bäuche	beugen	auch	Aug'
Eiche	eigen	Seuche	säugen	Lauch	Lauge
Zeichen	zeigen	zeucht	zeugen	tauchen	taugen

D — T

Der verschärfte Zungenlaut T ist mit den Reibelauten verwandt; durch ein angefügtes stimmloses S erhält man das Z. Da D und T vorne gebildet werden, gehören sie zum hellen Konsonantengebiet. Beim Anlauten ergeben sich kaum Schwierigkeiten (außer bei vorhandenen Zahnlücken): die gehobene Zungenspitze schiebt sich gegen die Vorderzähne und den Gaumen so weit vor, daß ein deutlich spürbarer Verschluß entsteht. Die Artikulation erfolgt dann durch ein plötzliches Fallenlassen des Unterkiefers und der Zunge. Bei unbeholfener Kieferbewegung läßt man, besonders beim T, stumme Übungen vorausgehen. Allerdings vermeide man überflüssige (»wilde«) Luft, die meistens durch die Nase entweicht, wodurch der unschöne »Schlupflaut« N – D verursacht wird.

Man beginne mit Sprechsilben, bei denen D und T mit kleinen, artikulatorischen Einschnitten geübt werden: *ad–da; at–ta; ot–to; gut–tun.* Ebenso mit verschiedener Lautfolge: *hat – da; fort – dort; liebt – die; nicht – dich*[1]).

Das T schließt sich allen Konsonanten, vor allem den Klingern, gut an: *fühlt, hallt, nimmt, stammt, singt, beengt, winkt, dankt.* Etwas schwieriger ist: *blickt, nackt, geschluckt, Flucht, taucht, lobt, belaubt, ertappt, gefoppt.* Besondere Sorgfalt verdient die R-Folge: *Schwertträger, Wortschwall.*

Besonders wichtig ist die deutliche Aussprache des auslautenden T, die den Worten Kraft und Plastik verleiht.

I.

Anlaut-D

Da du dir doch den Dank durchdacht,
Den Dido durch den Dolch dort duldet! –

II.

Betet, danket, darbet, duldet!
Nicht entrückt durch töricht Denken,
Nicht enttäuscht, verderbt durch Welttand,
Trifft der Tod dich nicht dort drüben.

III.

Fort mit der Demut dürft'ger Tracht!
Nicht deucht dich's dumm und töricht doch,
Daß dort der düst're Tod dir droht,
Der tobend dröhnt und leicht dich trifft! –

---

1) Im sprachlichen Zusammenhang entscheidet jeweils der Sinn und das Sprachgefühl, ob ein Einschnitt zwischen T und D gemacht wird oder nicht. Zum Beispiel: *Wer hat dich, du schöner Wald* (kein Einschnitt), aber: *Du mußt Deinen Weg gehen!* (Einschnitt, da betonter Hinweis!)

Tappst taumelnd, nicht denkend der Tat, du Tor –
Traust dumm und träumend dem dürft'gen Trott,
Der töricht Tausend' drängt und treibt! –

IV.

Auslautverbindungen von rt

Fort, dort vom Ort –
Betörte, hört ...!
Der harten Fahrt
Erschwerte Art,
Führt Kurt's Gefährt
Vor Siegwarts Schwert!
Zerstört der Herd,
Geschürt der Mord,
Schwirrt rauh der Nord,
Der's Mark verzehrt.
Geschart, gepaart
Nach Räuber Art;
Zur Wart' geführt,
Verzerrt, verschnürt –
Trostwort verwehrt,
Rückfahrt erschwert, ...
Betört irrt, der hier Recht begehrt!

V.

Anlautverbindungen von Tr

Trutzig trägt, trotz träufelnder Tränen,
Trägem »Trumm trumm« trauter Trommeln,
Treue Truppe – trüb und trostarm –
Traun, der Trennung traur'ge Trübsal!

B — P

Diese beiden Laute setzen einen lockeren bzw. festen Lippenschluß nach der Breite voraus. Mit dem Öffnen der Lippen strömt die gestaute Atemluft plötzlich (mit kurzem Nachhauch) aus, jedoch ohne übertriebenen »Knall«. Gute Unterscheidung zwischen dem sanft artikulierten, mit weichem Nachhauch verbundenen B und dem festgeschlossenen, energisch explodierenden P.

Ebenso wie beim D und T beginne man mit: *ab – ba; ba – ab; Beil – Leib; Bart – Trab; Bank – Knab* und lasse dann zweisilbige Worte folgen: *Barbar, Bube, Blaubart, Blaubeere, Barbierbank.*

Auslaut-pp: *schnipp, schnapp, Sepp, Galopp, Philipp,*

Anlaut-P: *Papa, Papagei, Popanz, Pumpe, Purpur, Papierpuppe, Galoppsprung,*

Weicher Auslaut: *Laub-dach, Staub-tuch, Lob-lied, Hab-sucht, Trieb-feder, Bleib-treu,*

Verbindung bt: *glaubt, liebt, da bat; wo bot; die Bitte; erbebt, Gebot.*

Da das B mit dem M verwandt ist, bildet sich auch hier oft ein unschöner Schlupflaut: MB: *M – Blume*. Man übe daher eingehend den Unterschied beider Laute: *Alma – Alba; einmal – ein Ball; schwemmen – schweben; Raum – Raub; erlahmen – erlaben*. Ebenso die Lautfolge Pl und Bl: *platzen, plump, Blick, blinzeln, Blatt, blank* usw.

I.

Bald bebt im Purpur die blonde Braut,
Bunt blühen Blaublümelein am Boden;
Breitblättriger Palmbaum prangt beim Portal,
Breitbauschige Banner beleben den Plan!
Aber bleich und betrübt blickt die blonde Braut,
Als berste ihr bang die bebende Brust –
Ob Preis man, Prunk, und bebänderte Pracht
Blöd beibringt als Brautgebinde dem Paar ...?

II.

Plump bricht der bepackte Bauer
Die Laubpracht falbprangend beim Birnbaum;
Prompt bläut der erprobte Pächter
Den Dieb im baumbuschigen Parke,
Mit Bambus beim Pumpbrunn'! –

III.

Lippen- und Zungenlaut

Lobpreiset, liebprediget, ihr Boten.

*

Damit sind nun sämtliche Sprachlaute in bezug auf ihre Klangbeschaffenheit und ihre Aussprache behandelt. Die Aufgabe des nächsten Kapitels wird es daher sein, diese Sprachelemente dynamisch und rhythmisch als Sprechgestaltung zu verlebendigen[1]).

Denn die Gesetzmäßigkeit der Laute bildet nicht nur die Grundlage für die deutliche Aussprache, sondern auch für das beseelte Sprechen, mithin für jede Art Sprecherziehung, die durch die »Kunst des Sprechens« erreicht werden soll.

Nicht zuletzt aber stärkt eine gute Aussprache die Klangfülle und Modulationsfähigkeit des Stimmorgans als physische Voraussetzung jeder Sprachkunst. Erfüllt der Redner diese Bedingungen nicht, dann wird eine kunstvollendete Leistung niemals möglich sein.

---

1) Kurzer Hinweis über den Unterschied zwischen Sprache und Sprechen: Sprache ist Kundgabe, Sprechen ist Wiedergabe; Sprachgestaltung meint die Interpretation des Wortsinnes durch persönlichen Ausdruck, Sprechgestaltung richtet sich auf die einwandfreie Aussprache (Lautung) und die Erfassung der klangrhythmischen Form.

Rhythmus und Dynamik in der Sprache

Nachdem in der Lautlehre, dem Hauptteil dieses Buches, die wichtigsten Aufgaben der fehlerfreien Aussprache und der natürlichen Tongebung beim Sprechen bis ins einzelne durchgearbeitet worden sind, ergibt sich die Forderung, den Schüler in die Grundlagen der Sprechgestaltung einzuführen. Denn die »Kunst des Sprechens« (im engeren Wortsinne) ist erst dann erreicht, wenn der Schüler den Gehalt einer Dichtung durch entsprechenden Vortrag zu sinngemäßer Wirkung zu bringen vermag. Mit Absicht ist dieses Gebiet der Sprecherziehung bisher nicht behandelt worden. Im Gegenteil: betrachtet man z. B. die Übungsverse, so konnte da, durch die Häufung tautophoner (vokal- und konsonantengleicher) Wortbildungen, eine gewisse Monotonie des mehr mechanischen Vortrags nicht vermieden werden. Die Erfahrung hat aber gezeigt, daß die phonetisch einwandfreie Aussprache nur durch äußerste Konzentration auf die Lautbildung zu erreichen ist. Jeder Versuch, gleichzeitig damit ein Kunstwerk dichterisch zu gestalten, wäre, abgesehen vom Mißbrauch des künstlerisch Geschaffenen, rein übungsmäßig kaum zu bewältigen und würde vom Erlebnis der elementaren Lautgebärde nur ablenken.

Die »Kunst des Sprechens« aber verlangt mehr. Denn erst durch die Verbindung der dynamischen mit den rhythmischen Sprachelementen entsteht die lebendige Gestalt der Dichtung und damit die Aufgabe des künstlerischen Vortrages.

Mag es sich um Lyrik, um Balladen oder Dramen handeln: die Grundgesetze des Sprachkunstwerks sind überall die gleichen. Letzten Endes beruht die geregelte Gliederung der Wort- und Silbenfolge auf bestimmten, nunmehr zu besprechenden Maßordnungen der Sprachrhythmik. Man nennt dieses Gebiet der Wort- und Silbenmessung Prosodie.

Hier ist gleich auf einen wesentlichen Unterschied zwischen der Versordnung der antiken Dichtung und der für unsere Sprache gültigen hinzuweisen. Durch die vokalen Klangqualitäten des Griechischen und Lateinischen tritt in jenen Sprachen das quantitierende Verhältnis der Silbenmessung hervor. Länge, Kürze und Mittelzeitigkeit der Silben bestimmen das Metrum, d. h. eine streng geordnete Längenbezeichnung des Silbenklanges. Demgegenüber steht in der deutschen Dichtung die Betonung der Silben und Wörter als Klangqualität. Das hängt sowohl mit der begrifflichen Wortbedeutung als auch mit den erheblichen Konsonantenanhäufungen im Deutschen zusammen, die den vokalen Silbengehalt beeinträchtigen. Insofern ist die Betonung (Schwere) als rhythmischer Akzent der Hauptsilben gegenüber den unbetonten (leichten) Nebensilben für unsere Sprache angemessener und naturgemäßer als die Messung mit Längen und Kürzen.

Lassen sich z. B. in dem Satz: »*Held! Du bist gehaßt, trotz höchster Macht!*« die Hauptsilben ihrer vokalen Länge nach messen? Kaum! Sie sind kurz, aber vollbetont, und ihre Kürze entspringt dem Gesetz der Vokaleinengung durch Anhäufung bestimmter Konsonantengruppen. Denn nehmen wir bei gleichem rhythmischen Tonfall den folgenden Satz: »*Weh! So öd und fahl – wo wäre Ruh?*«, so gestaltet sich die Bewertung der Silben ganz anders; denn wir haben es hier mit vokalen Längen zu tun, die von den Konsonanten völlig unbeeinflußt sind.

Betrachtet man die Laute als Sprachelemente, so zeigt sich, daß die Vokale die ruhenden, passiven Bestandteile der Worte sind – man hat sie auch die weiblichen Elemente genannt –, während die Konsonanten, durch die Artikulationsbewegungen bedingt, aktiver (männlich) und daher rhythmusbestimmender wirken. Indem sie den klanglichen Gehalt der Vokale schmälern, werden lange Silben durch Konsonantenhäufungen kurz, z. B.: *Schaf – schaffst; Schlaf – erschlaffst.*

Aus dem lebendigen Zusammenspiel dieser Lautverbindungen erwächst das, was wir Silbenmaß bzw. Wortrhythmus nennen.

1. SILBEN-, WORT- UND SATZBETONUNG

Silbe, Wort und Satz sind die Bestandteile der »Rede«. Jene gewinnen erst Leben durch Eintritt in diese höhere Ordnung. Rhythmus, Melodie und Dynamik sind die gestaltenden Mittel der Sprache, von denen der Rhythmus wohl am ursprünglichsten ist. Er schafft organische Ordnung, im Gegensatz zum Metrum, das, wenn auch nicht gerade mechanisch, so doch als Gleich-Maß periodisierend wirkt.

Der Rhythmus entsteht aus dem geordneten Wechsel von betonten und unbetonten Silben und Wörtern, die je nach ihrer vokalen Dehnung lang oder kurz sein können. Er ordnet und belebt daher auch den Vortrag, von der einfachsten Prosa bis zur reichsten Kunstform der Poesie. Denn neben dem gedanklichen Inhalt einer Dichtung fesselt den Sprecher die lebendige Sprachgestalt, aus der am unmittelbarsten der im Dichter verkörperte melodische Sprachrhythmus zu erkennen ist. Dem rezitierenden Darsteller erwächst die Aufgabe, durch Wahrung dieser technischen Gesetze die Schönheit und den Zauber des sprachlichen Kunstwerks zu vermitteln.

Man unterscheidet drei Formen der Sprachbetonung: die Wort-, Beziehungs- und Satzbetonung. Sie sind bedingt durch die Ein- oder Mehrsilbigkeit der Wörter, ferner durch deren Stellung und Sinnbeziehung innerhalb des Satzes und schließlich durch ihre übergeordnete Zusammenfassung zur erweiterten Rede im bestimmten rhythmischen Tonfall. Es gibt drei »Zeiten« der Sprachbetonung (Silbenmessung): lange, kurze und mittelzeitige Silben; aus diesen »Wortfüßen« entstanden die Versfüße. Für die »freie Rede« ergeben sich die

Betonungen aus dem wechselnden Tonfall und damit aus der Dynamik (Lautstärke) des natürlichen Sprechens.

Es bleibt also zu untersuchen, welche Art Wörter durch Silbenbetonung den rhythmischen Tonfall und Wohllaut der Sprache lebensvoll gestalten und steigern und wieso andere diese Eigenschaft nicht besitzen. Zusammengesetzte Stammwörter ohne Hebung und Senkung des Sprechtones, z. B.: *Schloßhofzugang*, haben weder sprachlichen noch musikalischen Rhythmus. Ebensowenig die folgenden viersilbigen Worte mit abnehmender Stärke der Betonung: *undurchdringlich*, *unaufmerksam*. Ja, auch die Eintönigkeit mehrerer unbetonter, einsilbiger Wörter, etwa: »*Wie sie nun so in die Ferne sah*«, kann, selbst wenn sie sich zum Satze gliedern, nicht durch irgendwelche dynamische Steigerung überbrückt werden.

Ganz anders verhält es sich bei manchen Ableitungen eines Stammwortes, bei denen sich oft rhythmische Umgestaltungen in zwei-, drei- oder mehrsilbige Wortbildungen ergeben. So z. B.:

> Liebe – geliebt – Liebende – Geliebte – liebevoll – Geliebteste – Allerliebste – liebebeseelt – Liebebedürftige

Noch eine andere Frage bedarf der Klärung: Wie werden zwei zusammengehörende Wörter betont, wenn das eine Wort mit einem Vokal schließt und das folgende mit einem solchen beginnt? In diesem Falle wird der Anlautvokal des zweiten Wortes leicht abgetrennt und mit einem Glottisschlag behutsam angesetzt (Hiatus). Z. B.: *Irma/allein*, nicht: *Irmalein* oder: *Alle/andern*, nicht: *Allandern*. Dasselbe gilt, wenn das erste Wort mit einem Klinger schließt, und das folgende mit einem Vokal anfängt: *An/alle*, *am/Ende*, nicht: *Analle* oder *amende*.

Nur bei der Aufeinanderfolge zweier gleichlautender Konsonanten, besonders wenn sie stimmhaft sind, kann eine Verschmelzung (Gemination) eintreten: *Hell leuchtend; am Meere*. Dagegen: *lob-preisen* statt *lo-preisen* und *tot-treten* statt *to-treten*. Dies zur Wortbetonung.

Ungleich schwieriger ist es, für die Satzbetonungen allgemeine Regeln aufzustellen. Man kann allenfalls sagen: Einsilbige Hauptwörter (oder die Stammsilben mehrsilbiger Begriffswörter) haben den stärksten Akzent; Eigenschafts-, Umstands- und Zeitwörter usw. einen geringeren; Geschlechts-, Verhältnis- und Fürwörter sowie Vor- und Nachsilben den schwächsten. Diese Regeln lassen sich aber nicht immer anwenden, da durch etwaige Umstellung der Wörter Sinn und Betonung anders werden kann. Auch gibt es Sätze, in denen sinngemäß jedes einzelne Wort betont hervorgehoben werden kann, z. B.: *Sie hat meine Schwester stets leidenschaftlich geliebt.*

Im ungebundenen Satz (Prosa) richtet sich die Betonung nach dem Wortsinn; im metrisch gefügten Satz (Verszeile) strebt der Hauptakzent in großrhythmischen Schwingungen und wechselnder Lautstärke dem entscheidenden Sinnwort zu, während sich die Nebenbetonungen nach Inhalt und Wortstellung unterordnen. Davon wird noch zu sprechen sein.

Das richtige Abwägen der Wortakzente bei angehäuften Umschreibungen erschwert den Prosavortrag fast noch mehr als den der Verse, z. B.:

> »In den engen, krummen, auf- und niedersteigenden, fast durchweg pflasterlosen und löcher- und grubenreichen Gassen wohnt das Grausen – Schmutz und Verfall überall.«

Hier erhalten die Nebensatzteile die steigende Betonung, ohne daß der Hauptsatz noch besonders hervorgehoben werden müßte. Der Vortrag beschreibt eben Wellenlinien von größerer oder geringerer Schwingungsbreite. Auch in der Dichtung, wo man diese Art von Satzbildung häufig findet, verlangt der Vortrag eine entsprechende Darstellung, z. B.:

Das drängt und stößt, das rutscht und klappert!
Das zischt und quirlt, das zieht und plappert!
Das leuchtet, sprüht und stinkt und brennt!
Ein wahres Hexenelement! ...

Durch das gleichtönige, beschreibende Aneinanderreihen wird die Satzbetonung gleichsam verteilt und gelangt erst bei der vierten Verszeile zur stärksten dynamischen Steigerung. Das zeigt sich noch mehr in Goethes »Hochzeitslied«:

Da pfeift es und geigt es und klinget und klirrt,
Da ringelt und schleift es und rauschet und wirrt,
Da pispert's und knistert's und flüstert's und schwirrt;
......
Nun dappelt's und rappelt's und klappert's im Saal.

Hier steht ein längeres Satzgefüge aus beschreibenden und ausschmückenden Teilen, ohne eigentlichen Höhepunkt der deklamatorischen Betonung. Wenn sich daher die Tonhöhe auch auf ziemlich gleicher Linie des Sprechintervalls hält, so verlangt der Vortrag dennoch bei größter Lebhaftigkeit eine feine, farbenreiche Sprachmodulation.

Völlig unmöglich wäre es, hier an eine Silbenmessung zu denken, die nach Länge und Kürze schematisiert, und der Betonung mit ihren modulatorischen Schattierungen nur ein untergeordnetes Recht einräumen möchte. Ganz abgesehen davon, daß hier das vokalische Element zugunsten des konsonantischen zurücktritt, was eine wesentlich verschärfte Artikulation bedingt. Da die Sätze zudem durchweg aus kurzen Hauptsilben bestehen, lassen sich die gedehnten Akzente des daktylischen Versmaßes kaum ausführen. Der Vortrag gleitet leicht betonend über sie hinweg.

Anders verhält es sich, wenn bei lebhaften Vortragsarten bestimmte Wortbetonungen hervorzuheben sind, der Sprechende auf sie zueilt und dadurch eine natürliche Steigerung des Klanges bewirkt. Hier ordnet sich das rhythmische Element dem dynamischen unter, und die Sprache nähert sich dem gesungenen Parlando.

Man vergleiche daraufhin einmal die Vertonung der »Registerarie« Leporellos aus Mozarts »Don Juan«:

> Mädchen sind's von jedem Stande, hier aus Städten, dort vom Lande,
> Bauernmädchen, Baronessen, Kammerzofen und Prinzessen,
> Mädchen sind's von jedem Stande, jeder Gattung und Gestalt!

Zwar deckt sich die sprachliche Vortragsweise nicht mit der gesanglichen, dennoch gehen die Wortbetonungen deutlich Hand in Hand: sie folgen den gleichen Hebungen und Senkungen (natürlich in engerer Intervallbegrenzung) und streben zur selben dynamischen Modulation. Leichte Anspruchsfähigkeit des Organs und ein sonorer Sprachklang verleihen der lebhaften Rezitation auch ohne Kraftentfaltung großen Reiz. Man vermeide allerdings jenes klanglose, murmelhafte Sprechen mit zu gleichmäßig verteilten Wortakzenten.

Nun noch ein kurzer Blick auf den ruhigen Vortrag bei sonorer Klangentfaltung. Hier gewinnt die Wortbetonung wieder größere Bedeutung, die Vokaldehnung tritt hervor, während die Satzbetonung sich unterzuordnen hat. Trotzdem verlangt gerade diese Sprechweise eine besondere Beachtung der Sprachmelodie, d. h. einer Kontinuität des Vokalklanges. Als Übungsbeispiele eignen sich hier am besten die Balladen. Sie erfordern die größte Klangsteigerung der Stimme. Seien es Wortbetonungen bei vereinzelten Ausrufen (Exklamationen) oder imperative, drohende, kräftige Satzbetonungen von beträchtlicher Länge – immer wird es auf die Kraft und den Wohlklang des Organs ankommen. Keinesfalls darf, selbst bei gesteigertem Ausdruck, der Sprachklang durch lautes Schreien übertrieben werden, so daß man den Eindruck gewinnt, die Stimmkraft reiche nicht aus oder der Sprechende habe sich übernommen. Andererseits erzieht gerade diese Form der Dichtung zur gesunden Klangfülle und Widerstandsfähigkeit der Stimme.

2. HEBUNG UND SENKUNG DES SPRECHTONES

Damit kommen wir zu einem weiteren Gestaltmittel der sprachlichen Modulation: zur Hebung und Senkung. Drei Dinge kannten schon die Alten als Bestandteile sowohl der Musik als der schönen Rede: das Wort, den Rhythmus und die Modulation, das ist die melodische Auf- und Abwärtsbewegung der Stimme als Hebung und Senkung.

Sprechen wir irgendein Wort aus, so beobachten wir, daß wir die Silben nicht gleich bewerten, sondern einzelne gegenüber anderen be-tonen. Das Hervorheben einer Silbe geschieht auf dreierlei Weise: 1. durch Hebung auf einen höheren Ton, 2. durch Verstärkung des Klangvolumens und 3. durch längeres oder kürzeres Verweilen auf dem Vokal einer Silbe (Quantität).

Nehmen wir das Wort: *Vátèr.* Hier hat die erste Silbe die Hebung, den hohen Ton, die zweite die Senkung.

Bei zweisilbigen Wörtern wird stets die eine Silbe Hebung, die andere Senkung sein. Gehoben aber wird stets die Stammsilbe des Wortes[1]). Dieses Gesetz gilt auch bei drei- und mehrsilbigen Wörtern. Auch da wird die jeweilige Stammsilbe gehoben; sie hat, wie wir sagen, den Akzent. Bei längeren, vor allem zusammengesetzten Wörtern, wie etwa bei: *liebebéseligende*, wird zwar die erste Silbe betont, sie wird aber von der Hebung der Hauptsilbe überragt. Ferner erhalten (wie im gegebenen Beispiel) die drei letzten Senkungen des Wortes nach dem Hauptakzent nicht denselben Ton; sie werden verschieden bewertet, und zwar in absinkender Tonhöhe kadenzierend.

Ähnlich verhält es sich beim ganzen Satz. In ihm wird die einzelne Wortbetonung vom (logischen) Hauptakzent beherrscht, da er der Verdeutlichung des Gedankens dient.

Als Beispiel wähle man den eingliedrigen Satz: *Es regnet.* Es deckt sich der logische Akzent mit dem Wortakzent, denn die Aussage ist eindeutig.

Erweitert man den Satz zu: *Heute regnet es*, so kann man diesem einen verschiedenen Sinn geben, je nachdem das erste oder zweite Wort betont wird. Diese Möglichkeit steigert sich noch, wenn man sagt: *Heute wird es wahrscheinlich regnen.*

Wo bleiben da die Wortakzente? Daß sie zum Ausdruck kommen müssen, ist keine Frage. Wollte man aber jedem Worte Hebung und Senkung geben, so würde der logische Akzent zerstört. Hier entscheidet der Sinn. Er kann entweder auf dem Wort: »heute«, »wahrscheinlich« oder »regnen« liegen. Wie es auch sei: in jedem Gedanken darf der Hauptakzent nur einmal berührt werden, demgegenüber müssen die Nebenbetonungen zurücktreten. Bei der Fragestellung: *Wird es heute regnen?* ist der Akzent eindeutig, weil die Stimme am Schlusse nicht kadenziert (sich senkt), sondern gehoben wird[2]).

---

[1]) Daher ist die vor allem bei Propagandarednern so häufig zu hörende Überbetonung der Endsilben (habénn; verlangénn) fehlerhaft und sinnwidrig.

[2]) Im Kapitel »Klang und Rhythmus« seines Büchleins »Philosophie des Kölner Humors« begründet Heinrich Lützeler die Lautfärbung (Akzentuierung) aus dem Unterbewußten echter Sprachformung: »Worte haben nicht nur einen Inhalt, sondern auch eine Form. Sie klingen; sie laufen in einer bestimmten melodischen Kurve ab. Klangcharakter und Rhythmus aber sind schon in sich ausdrucksvoll, ganz abgesehen von den mit ihrer Hilfe gemachten Mitteilungen. Gerade die Lautfärbung und die Sprechbewegung berühren den Menschen unmittelbar – in tiefen unterbewußten Regionen seiner Seele; darum sind sie in besonderem Maße zur Mitwirkung am auch archetypischen, vorrational-ursprünglichen Humor geeignet.« Als köstliches Beispiel solcher »Pointierung« gibt er das Zwiegespräch zweier Frauen wieder, die sich über die Unart eines Kindes unterhalten:

A: »Darf dat dat?«
B: »Dat darf dat!«
A: »Dat dat dat darf!«

Albernes Klangspiel und gestaltete Wirklichkeit spielen hier seltsam ineinander.

Die sinngemäße Verteilung von Haupt- und Nebenbetonung wird dann ganz entscheidend, wenn eine Reihe von Sätzen zu einem Ganzen vereinigt werden. So z. B. im Gedicht von Goethe:

Über allen Gipfeln ist Ruh, /
In allen Wipfeln spürest du
Kaum einen Hauch: /
Die Vöglein schweigen im Walde. /

Es sind drei abgeschlossene Gedanken, von denen jeder für sich als Satz bestehen kann. In ihrer Gesamtheit aber rufen sie eine einheitliche, charakteristische Stimmung wach.

Wollte man nach jedem Gedanken eine Schlußkadenz machen (/), so käme die Zusammengehörigkeit der drei Gedanken als Sinnganzes nicht zum Ausdruck. Daher tritt neben die Schlußkadenz noch eine andere als »Halbschluß«, die den einzelnen Gedanken zwar abrundend sichtbar werden läßt, ihn aber doch in den größeren Sinnzusammenhang überführt. Am einfachsten ist dies bei Vorder- und Nachsätzen auszuführen, besonders in der einfachen Form etwa:

Wenn sich zwei Herzen scheiden,
Dann gibt's ein großes Leiden.

Schwieriger ist es schon, sobald eine solche einfache Zweiteiligkeit durch ergänzende Satzteile (Appositionen und Nebensätze) erweitert wird:

Wenn sich zwei Herzen scheiden, die sich dereinst geliebt.
Dann gibt's ein großes Leiden, wie's größer keines gibt.

In besonderen Fällen, d. h. wenn die Verszeile einer subtileren Gedankenführung dient, wird man (um nicht in das »Skandieren« = Leiern zu verfallen) die zu schwere Kadenz durch eine kurze Atemzäsur = »Schnitt« ersetzen.

Die allgemeine Regel lautet: 1. Jeder Satzteil für sich folgt den Gesetzen seiner eigenen Hebungen und Senkungen; 2. Der Sinnzusammenhang aber wird beherrscht von dem Hauptakzent.

Hier hilft vor allem die Steigerung des Klangvolumens und die erweiterte Auf- und Abwärtsbewegung der Stimme bzw. des Sprechtones. Sie ergibt sich ganz natürlich aus den Akzenten, indem sich diese im Umfang (Ambitus) nach oben und unten ausweiten. Ohne sie bleibt der Vortrag ausdruckslos und eintönig, auch wenn die hellen und dunklen Vokalfarben eine gewisse Lebendigkeit des Sprachklanges vermitteln. In keinem Falle aber darf der Ambitus (Schwingungsumfang) übertrieben werden.

Als unstatthaft betrachte man: alle übermäßigen, schroffen Intervallsprünge aus einem Register ins andere und umgekehrt: jenes »Schleifen« der Silben nach oben und unten, noch dazu in Verbindung mit fehlerhaften Vokaldehnungen.

Die modulatorische Freiheit, die Stimme hell oder dunkel zu färben, findet ihr »Maß« durch das natürliche Sprach- und Stilgefühl des Redners von selbst. Hier kommt es auf den »Tonfall« und die dynamischen Schattierungen an, die wieder mit dem Rhythmus und dem Inhalt des Textes zusammenhängen. Tonfärbung und Tonfall geben unserer Sprache das warme, beziehungsvolle Kolorit.

Um die Richtigkeit dieser Feststellung zu prüfen, spreche man einmal fortlaufend und auf dem gleichen Sprechton verbleibend bestimmte, dem Inhalt und der Stimmung nach gegensätzliche Stellen aus Dichtungen wie etwa aus Goethes »Erlkönig«:

> Mein Sohn, es ist ein Nebelstreif – du liebes Kind, komm geh mit mir. – Mein Vater, mein Vater und hörest du nicht, was Erlenkönig mir leise verspricht? – Sei ruhig, bleibe ruhig mein Kind usw.

Kein noch so wohlgebildetes Organ würde auf diese Art den Sinn, geschweige denn die künstlerische Form dieser Dichtung zum Verständnis bringen können. Der Vortrag bliebe eintönig.

Umgekehrt aber vermeide man auch »unechte Töne« der Affekt- oder in diesem Falle besser: Effektwirkungen. Seien es zärtlich-tiefe Flüstertöne oder forcierte Tonhöhensteigerungen. Das wird immer unnatürlich wirken. Ein modulationsfähiges Organ bedarf eines solch übergroßen Tonumfanges überhaupt nicht. Es kann durch Wohllaut, Eindringlichkeit und geistige Konzentration eine viel tiefere Wirkung erzielt werden.

Auf was es letzten Endes ankommt, ist das »Ablauschen« der inneren Deklamation der Sprache, die äußere Form ist nur das Abbild der inneren Gestalt. In diesem Sinne ist auch Vilma Mönckebergs Hinweis auf die Unbeholfenheit mancher Sprecher zu verstehen: »Sie spüren es inwendig richtig und hören es dann außen falsch«.

Falschhören beruht aber weniger auf unzureichender Sprecherziehung als auf einem Mangel an sprachrhythmischem Gefühl und vor allem auf Unkenntnis der sprachgesetzlichen Ordnung als Vers, Zeile, Strophe usw. Hierauf ist nun einzugehen.

3. SPRACHRHYTHMUS UND VERSMASS

Zunächst könnte man meinen, es sei das Nötige über den Sprachrhythmus schon im vorangegangenen Kapitel über Silben- und Wortbetonung gesagt. Für die Umgangssprache als Verständigung im gewöhnlichen Leben mag das zutreffen. Sie bedarf keiner besonderen rhythmischen Gliederung, die logische Wortbetonung reicht vollkommen aus. Die sinngebenden Einschnitte werden durch Interpunktionszeichen bzw. durch die physische Notwendigkeit des Atemholens bestimmt.

Anders verhält es sich bei der Dichtung. Hier geht es nicht nur um die Darstellung des Inhalts, sondern mindestens ebensosehr um die Form, d. h. um die Wahrung der rhythmischen Ordnung in Metrum und Vers. Diese beiden Klangelemente: Vers und Metrum sind gewissermaßen die »kleinen« Ordnungen, die der großräumig fließenden Ordnung des Rhythmus eingefügt sind. Man hat sie auch als »mechanisch« bezeichnet, im Gegensatz zur »Organik« des Rhythmus. Jedenfalls ist dieser – das beweisen alle Erscheinungsformen in Natur und Kunst – das Lebendige, das Urelement, welches Gliederung, Richtung und Charakter der Bewegung bestimmt.

Obwohl also Vers und Metrum entscheidende Bestandteile jeder lebendigen Wortgestaltung sind, so zeigt doch die Erfahrung, daß der Durchschnittssprecher und -hörer nur sehr wenig mit diesen Fragen vertraut ist, geschweige denn, daß er die Grundformen der Versfüße kennt. Es erscheint daher notwendig, auf diese Zusammenhänge näher einzugehen.

Das Erleben des Metrums als »Maß« liegt im Wesen der menschlichen Natur. Schon Cicero sagt: »Das Ohr, oder eigentlich die Seele, welche durch das Ohr Kunde erhält, besitzt in sich ein gewisses natürliches Maß für alle Töne. Daher erkennt sie, ob etwas zu lang oder zu kurz ist, und erwartet immer etwas Vollkommenes und Geregeltes.« Im gleichen Sinne äußert sich Wolfgang Kayser in seinem Buch »Kleine deutsche Versschule«: »Es ist etwas Geheimnisvolles um die höhere Ordnung des Verses. Die nüchterne und unbestreitbare Feststellung des Experiments, daß die Betonungen ungefähr im Abstand von nicht ganz einer Sekunde wiederkehren, enträtselt die Ordnung nicht, eher im Gegenteil. Denn nun wird ihr Bezug zu der Ordnung offenbar, die wir in uns tragen: zu dem Pulsschlag unseres Herzens.«

Die Möglichkeit, in das Maß von Vers und Metrum einzuschwingen, liegt eben darin begründet, daß der Mensch diese Gliederung nicht erst abzuhören braucht, sondern schon besitzt. Insofern ist das Versmaß nichts Mechanisches, sondern etwas höchst Lebendiges, denn es »beseelt« die Sprache. Darin liegt auch die besondere Wirkung aller gereimten Dichtung, vor allem der Lyrik.

Das Versmaß (lat. Versus = Kehre, Umkehr, Wiederkehr) ordnet Silben, ohne auf den Sinn Rücksicht zu nehmen, der Rhythmus ordnet Sinngruppen und verwandelt dadurch die monotone Wiederkehr des Metrums in lebendiges Gleichmaß. Als Beispiel diene eine Verszeile Goethes[1]):

Metrisch: Tiefe / Stille / herrscht im / Wasser.
Rhythmisch: Tiefe / Stille / herrscht / im Wasser.

Oder ein anderes Beispiel:

Im Saal / voll Pracht / und Herr- / lichkeit.

---

1) Entnommen aus: Vilma Mönckeberg »Der Klangleib der Dichtung«.

Hier geht das Metrum sogar mitten durch ein Wort hindurch. Man müßte also rhythmisch sprechen:

Im Saal / voll Pracht / und Herrlichkeit

oder besser noch:

Im Saal / voll Pracht und Hérrlichkeit.

Man merkt, daß sich nicht nur die Verteilung der Worthebungen und -senkungen sinngemäß ändert, sondern auch das Sprechtempo.

Zunächst aber seien die wichtigsten Grundformen der Wort- oder Versfüße und damit der Zeilen gegeben. Die »Zeile«, die auch »Vers« genannt wird, läßt sich durch die Zahl der Betonungen bestimmen; man unterscheidet zweihebige, dreihebige, vierhebige, fünf-, sechs- und noch mehrhebige Verse.

Die wichtigsten Versfüße sind

Jambus:	Trochäus:	Daktylus:	Anapäst:
Gelíebt	Líebe	Wónnige	Überhánd
Amphibrach:	Kretikus:	Choriambus:	
Gewónnen	Úngesäumt	Wónnebeséelt	
Jambischer Doppelfuß:		Trochäischer Doppelfuß:	
Gelássenhéit		Únergründlich	

Jambisch-trochäisch zusammengesetzt:
Gefáhrbríngend

Reiht man nun mehrere solcher Versfüße in immer wiederkehrender Ordnung aneinander, so erhält man den Vers oder die Zeile. Mehrere Verszeilen bilden die Strophe.

Hier die wichtigsten Versmaße:

1. Das jambische Versmaß

Doppelfuß: Im Wálde wéht
Dreifüßig: Im Wálde stéht ein Háus
Vierfüßig: Des Ábendstérns erséhnter Schéin
Fünffüßig: Die Sónne spricht: versínk ich áuch in Nácht
Sechsfüßig: Wenn Sónnenlícht erlósch / tritt Stérnenglánz hervór

2. Das trochäische Versmaß

Doppelfuß: Wás ich túe
Dreifüßig: O wie schwül und báng
Vierfüßig: Déin gedénkend írr ich éinsam
Fünffüßig: Schwéigend in der Ábenddämmrung Schléier
Sechsfüßig: Áuf zum Hímmel sích zu schwíngen ín der Nácht

3. Das daktylische Versmaß

Einfacher Versfuß: Sélige
Zweifüßig: Lö́st mir in Éile (katalektisch-verkürzter Versfuß)
Fréude des Stérblichen (akatalektisch-voller Versfuß)
Dreifüßig: Frö́hliche, sélige Kinder
Líebliche Mä́dchen beséliget
Vierfüßig: Wínken dort líebliche, láchende Áuen

4. Das anapästische Versmaß

Einfacher Versfuß: Die Gewált
Zweifüßig: In der Nácht, wenn es stǘrmt
Dreifüßig: Alles flíeht, läßt alléin mich zurǘck
Vierfüßig: Im Gebǘsch hingestréckt, späht er ríngs nach dem Féind

Bei den hier angeführten Versmaßen handelt es sich wohlgemerkt um *metrische Grundformen*, die weder in der »freien Rede« noch gar in der Rezitation streng eingehalten werden können. Das ergäbe nur ein Leiern. Das lebendig Sinnvolle der Sprache äußerst sich in Wortgruppierungen und entsprechenden Einschnitten (Schnitt-Kolon), die sich in der Umgangssprache meistens mit den Interpunktionszeichen decken.

Zwar muß der Sprecher, vor allem der Anfänger, mit diesen Grundformen der Versmaße vertraut sein; insbesondere muß er sie in dem zu gestaltenden Dichtwerk einwandfrei erkennen. Jedoch kann er seinen Vortrag, wenn er lebendig wirken soll, nicht an diese langen, mittelzeitigen und kurzen Betonungen binden. Dazu bedarf es der *musikalischen* Rhythmisierung, bei der zwar der Einzelakzent in Wort und Satzbetonung spürbar bleibt, obwohl er in den übergreifenden Großrhythmus der Dynamik eingeordnet wird. Hierbei tritt nun ein neues, bedeutsames Gestaltungselement auf: die *Sprachpause*.

Sie wurde bisher nicht besonders erwähnt, sondern ergab sich mehr zufällig bei der Bildung katalektischer, d. h. metrisch verkürzter Versfüße. Die Pause ist durchweg gebunden an die Sinngliederung des Sprechtextes, womit andererseits auch die sinngemäße Atmung bzw. Phrasierung zusammenhängt. Ehe aber ihre Bedeutung für die freie Gestaltung des Sprachrhythmus näher erläutert wird, ist noch eine kurze Ergänzung nötig.

Man hat bisher unter Sprachrhythmus die naturgemäße Silben- und Wortbetonung und einen daraus entstandenen regelmäßigen Tonfall des Verses verstanden. Das ist aber weder erschöpfend noch zutreffend.

Aus der logisch geordneten Silben- und Wortbetonung sind die Sprachmetra entstanden. Dem Rhythmus fällt aber die Aufgabe zu, die größere Satzfolge zu ordnen und abzugrenzen. Dies geschieht, indem, ähnlich wie in der Musik, eine bestimmte Anzahl von Versfüßen jeweils zu Perioden zusammengefaßt und dadurch die reine Metrik des Skandierens aufgehoben wird. Das gibt dem sprachlichen Vortrag erst seine volle Freiheit. Auf diese Weise wird das Sprechen der stofflichen Sphäre enthoben, so daß kaum spürbar bleibt, daß das Metrum ursprünglich aus der Tanz- und Marschbewegung entstanden ist. Denn solange diese Abstammung zu erkennen ist, wird der Vortrag unfrei und unvollkommen sein.

Bei der rhythmischen Gestaltung ist die dynamische Steigerung ebenso wichtig wie die Kontinuität (das Fließende) der Wortfolge. Hierbei ist die Sprache viel lebendiger und vielgestaltiger im »Tonfall« als der Gesang, weil dieser viel mehr vom melodischen Bau der musikalischen Periode abhängt. Die Sprache hat daher ihre eigene Phrasierung; sie bildet die Grundlage für die Sprachmelodie. Und kommen auch noch andere Elemente hinzu: der Wechsel von hellen und dunklen Vokalen sowie die richtige Hebung und Senkung des Tones als Modulation, so gehört zur Gestaltung der Sprachmelodie nicht zuletzt die sinngemäße Verteilung der Sprechpausen. Durch sie wird die Eintönigkeit der Metren, besonders wenn sie sich dem Tanzrhythmus nähert (Daktylus, Anapäst usw.), gemildert oder aufgehoben.

Diese Pausen lassen sich taktmäßig nicht eindeutig festlegen. Die Zeitdauer derselben erstreckt sich vom kurzen, kaum merklichen Absetzen des Redesatzes bis zum langen, oft ausdrucksgeladenen Schweigen. Hinweise hierfür geben die Dichter oft selbst durch vorgeschriebene sichtbare Zeichen und Anordnungen, die innerhalb der grammatischen Form zur Interpunktion gehören, wie z. B. Gedankenstriche usw. Außerdem entstehen, wie gesagt, solche Ruhepunkte (»Schnitte«) durch Weglassen von Versfüßen oder durch ungleiche Anzahl bzw. Wechsel derselben. Hierdurch wird der Rhythmus mannigfaltig, der Ausdruck gesteigert.

Als Beispiel sei die erste Strophe von Goethes »Nachtgesang« genannt:

O gib, vom weichen Pfühle,
Träumend, ein halb Gehör!
Bei meinem Saitenspiele
Schlafe! Was willst du mehr?

Die besondere Wirkung liegt im Tonfall der dreifüßigen Jamben. Durch den Ausfall des vierten Versfußes, den das Sprachempfinden gleichsam zu ergänzen trachtet, und dem nun, in regelmäßigem Wechsel, ein trochäischer Vers folgt, erhält das Gedicht ein ganz eigenartiges Gepräge.

»Sprechende« Pausen entstehen auch dadurch, daß der Rhythmus die Satzfolge ordnet und abgrenzt, so daß, ähnlich wie in der Musik, Perioden entstehen und die untergeordneten Bestandteile der Metren geradezu aufgehoben werden. Nehmen wir als Beispiel Goethes Ballade »Der Fischer«. Nach der üblichen Silbenmessung wäre, im regelmäßigen Wechsel von Arsis (Hebung) und Thesis (Senkung) zu skandieren:

Das Wásser ráuscht, das Wásser schwóll,
Ein Físcher sáß darán, ...

Ein solcher Vortrag (den man leider nicht selten hört) ist aber leiernd und daher unkünstlerisch. Der rhythmische Tonfall der Versfüße verlangt eine wesentliche Umgestaltung, soll eine sinnvolle, logisch geordnete Wortbetonung entstehen. Die Akzente werden (unter Einschiebung von Pausen!) verlegt, abgeschwächt oder ganz aufgehoben, so daß unter Umständen eine ganz andere Versordnung wirksam wird. Nur so wird der Gedichtvortrag zur lebendigen Interpretation:

> Das Wasser ráuscht, / das Wasser schwóll, / ein Físcher saß daran, /
> Sah nach der Angel rúhevoll, / kühl bis ans Hérz hinan, ...

Der mündliche Vortrag verwischt somit die Symmetrie der Perioden (im musikalischen Sinne) oft wesentlich. Dadurch verändert sich auch das Tempo. Für die Musik gibt es, abgesehen von sog. »agogischen Dehnungen«, ein metronomisiertes Tempo, für die Sprache niemals, weil der Sprachrhythmus an den Sinn und Charakter des Textes gebunden ist. Dadurch wechselt das Tempo ständig zwischen schneller und langsamer Bewegung.

Hervorzuheben ist noch die merkwürdige Erscheinung, daß der Sprachrhythmus eines Gedichtes, das als Lied bekannt ist, völlig verändert erscheint. Denn wie oft wird durch Melodie und Rhythmus der Musik, die an sich schön und wirkungsvoll sein können, die Unmittelbarkeit des sprachlichen Wortlautes erheblich beeinträchtigt. Und nicht nur das: in den bedeutendsten Liedkompositionen unserer Meister finden sich geradezu störende Vergehen gegen die natürlichen Sprachgesetze. Es würde zu weit führen, wollte man auf diese Frage hier näher eingehen.

Dagegen soll aus praktisch-pädagogischen Gründen noch eine besondere Form der Wortinterpretation kurz betrachtet werden, bei der die Gestaltung des Sprachrhythmus eine entscheidende Rolle spielt. Es ist das chorische Sprechen oder der Sprechchor. Streng genommen muß man zwischen beiden Formen unterscheiden. Der Sprechchor dient mehr propagandistischer Wirkung und kann außer Betracht bleiben, da in diesem Fall kein Anspruch auf künstlerische Gestaltung erhoben wird. Das chorische Sprechen indessen wird (bei klassischen Dramen) als Bühnenmittel benutzt, ebenso (meistens allerdings als Notbehelf) im Schulunterricht. Zwar gibt es Texte, die die chorische Darstellung nicht nur zulassen, sondern geradezu fordern. Man kann sie niemals als »Ersatz« für den individuellen Vortrag ansehen. Dazu ist schon die Klangmasse viel zu schwerfällig. Auch läßt sich das Abstimmen auf ein Sprechintervall schon der verschiedenen Stimmgattungen wegen nicht erreichen, so daß die Modulation wie auch die Zeitwerte der Silben (Deklamation) nicht einheitlich wirken können. Dadurch tritt das quantitierende Element der Sprache viel zu sehr in Erscheinung.

Trotzdem kann in der Schule auf das Chorsprechen kaum verzichtet werden. Bei sinngemäßer Anwendung ergeben sich sogar einige Vorteile: die Schüler können mit den Elementen der Sprachbetonung als Gesetzmäßigkeit vertraut gemacht werden, so daß sie die Satzphrasierung in der einfachsten Form kennenlernen, ebenso den Unterschied zwischen betonter und unbetonter Silbe. Auf diese Weise festigt sich die Vorstellung der grundlegenden Versmaße: Jambus, Trochäus und Daktylus. Ist dies erst erreicht, dann folgen kleine Einzelvorträge, in denen der Sinn für Sprachrhythmus und Dynamik als lebendiger Fluß entwickelt wird. Somit kann die Schule die Grundlage dafür schaffen, daß schon im Kinde Wissen und Können, vor allem aber Freude an der eigenen Sprechgestaltung erreicht wird.

4. ZEILEN- UND STROPHENFORM

Nach dieser Abschweifung ins Praktische kehren wir zurück zur weiteren Betrachtung der Versordnung, und zwar im Hinblick auf die Zeile und Strophe.

Es wurde bereits (S. 72) darauf hingewiesen, daß die Zeile durch die Zahl der Betonungen bestimmt wird und daß es zwei-, drei- und mehrhebige Verse oder Zeilen gibt. Die ein- bis vierhebigen Verse nennt man kurze Zeilen, die mehrhebigen Langzeilen[1]).

Entscheidend ist, daß die Zeilen zwar metrisch völlig gleich gebaut sind, ihr rhythmischer Tonfall (Gefälle) dagegen eine größere innere Bewegung und Spannung besitzt, so daß er oft über die Zeilen oder gar Strophen hinwegschwingt (Enjambement). Man könnte auch sagen: das Versmaß oder Metrum eines Gedichtes ist (abgesehen von bewußt freien Formen) typisch, der Rhythmus hingegen individuell. In ihm kommt das Einmalige der dichterischen Aussage zum Ausdruck.

Das läßt sich vor allem in der Strophenform erkennen. Zunächst: die Strophe entsteht ebenso aus meist gleichgebauten Zeilen wie die Zeile aus der Wiederkehr gleichlautender Wortbetonungen. Zwar gibt es auch »freie« Strophen, jedoch lassen sich auch hier Grundformen der Strophenbildung unterscheiden, von denen im folgenden nur die wichtigsten genannt seien:

1. Der Zweizeiler. Er findet sich am häufigsten bei Sprichwörtern:

Was du nicht willst, das man dir tu,
Das füg auch keinem andern zu. (Sprichwort)

Auch manche »Sinnsprüche« bevorzugen diese Form:

Die Ros' ist ohn Warum, sie blühet, weil sie blühet,
Sie acht' nicht ihrer selbst, fragt nicht, ob man sie siehet.

(Angelus Silesius)

---

1) Zu den folgenden Ausführungen vergleiche man: Wolfgang Kayser, »Kleine deutsche Versschule«.

2. Der Dreizeiler. Er ist in der deutschen Dichtung seltener, da uns die Paarigkeit mehr im Ohr und im Bewegungsgefühl liegt. Als Beispiel ein Gedicht von Josef Weinheber: »Vor dem Einschlafen«:

Sich selbst so nah zu ruhn!
So fern sich selbst, zu schweben:
O Leben ohne Tun!
O Singen ohne Sinn!
O süßes Tor der Freiheit –
Ich schwinde sanft dahin.

Die Versform ist meistens: a-b-a. Selbst bei größer gebauten Terzinen findet sich dieselbe Versform, so etwa im Faust-Monolog zu Beginn des zweiten Teils der Tragödie:

Hinaufgeschaut! – Der Berge Gipfelriesen
Verkünden schon die feierlichste Stunde;
Sie dürfen früh des ewigen Lichts genießen,
Das später sich zu uns herniederwendet.
Jetzt zu der Alpe grüngesenkten Wiesen
Wird neuer Glanz und Deutlichkeit gespendet,
Und stufenweis herab ist es gelungen –
Sie tritt hervor! – und, leider schon geblendet,
Kehr ich mich weg, vom Augenschmerz durchdrungen.

Betrachtet man die Reimform dieser neun Verse genauer, so ergibt sich ein wunderbar »ineinandergefädelter« Rhythmus: a-b-a; c-b-c; d-c-d.

3. Der Vierzeiler oder die »Volksliedstrophe«. Wie der Name sagt, handelt es sich hierbei um die volkstümlichste Form, die so allgemein bekannt ist, daß sie kaum durch ein Beispiel belegt zu werden braucht. Die Versform ist: a-b-a-b; seltener: a-b-b-a.

Weniger gebräuchlich ist:

4. Der Fünfzeiler. Entsprechend der »hinkenden« Verszahl ist auch der Reim schwankend zwischen: a-a-b-a-b; a-a-b-b-a und a-b-a-a-b. Letztere Form findet sich z. B. in Rainer Maria Rilkes »Initiale«:

Gib deine Schönheit immer hin
ohne rechnen und reden.
Du schweigst. Sie sagt für dich: ich bin.
Und kommt in tausendfachem Sinn,
kommt endlich über jeden.

5. Die achtzeilige Strophe oder die Stanze. Sie ist eigentlich die Zusammensetzung zweier Vierzeiler und wird als »Fürstin unter den Strophenformen«, nicht selten bei größeren Sentenzendichtungen oder Sinnsprüchen gewählt. Ihre Reimstellung läßt sich vielfältig abwandeln, die üblichste Form ist: a-b-a-b-a-b-c-c.

6. Von den freien Versformen mit gänzlich unregelmäßiger Füllung soll nur noch der Knittelvers genannt werden. Schon der germanische Vers hatte freie Formen: die Senkung kann aus ein, zwei oder mehr Silben bestehen; sie kann aber auch fehlen, so daß zwei Hebungen aufeinanderfolgen. Solche Freiheit weist auch der Knittelvers auf, der im übrigen meist vierhebig (und paarweise gereimt) ist (Kayser).

Damit sind die Grundformen genannt. Von den weiteren »klassischen« Strophenformen seien nur noch die »Nibelungenstrophe«, der Hexameter und die Sapphische Ode erwähnt. Sie im einzelnen aufzuzeigen, würde zu weit führen. Das gehört, ebenso wie die genauere Abhandlung des Reims, in das spezielle Gebiet der »Versschule« und ist dort nachzulesen.

Dagegen fassen wir das Wichtigste über »Sprachrhythmus und Versmaß« noch einmal zusammen:

»Indem der Sprecher das äußere Bild der Dichtung aufnimmt, fühlt er sich von Zeile zu Zeile in den Ablauf des Geschehens ein. Nicht der Inhalt gibt eindeutigen Aufschluß über das, was als Meinung, als Gehalt hinter den Worten steht, sondern das tut die Form, in die dieser Inhalt gegossen ist. – Die Form, in der sich der Inhalt bewegt, ist eine sichtbare und eindeutige Ordnung des Gedichts. Das Schreib- oder Druckbild ist als eine Art Notenschrift für innere Klangordnungen zu entziffern. Wie ein Gedicht aussieht, so muß es klingen. Das sichtbare Maß des Gedichts ist die abgesetzte Zeile. Ihr Gesetz ist ein rhythmisches, also ein Gleich-Maß. – Daher sollte der Dichter alles an äußeren Zeichen mitgeben, was es erleichtern könnte, ins Innere der Dichtung vorzudringen. Dazu gehört auch der große Buchstabe (Majuskel) des Zeilenanfangs. Er stellt eine wichtige rhythmische Stütze dar, außerdem betont er in sinnfälliger Weise, daß für das Gedicht nicht der Satz, sondern der Vers die Einheit ist. – Daher ist die Unterscheidung des Gedichts von jeder anderen Sprechform gar nicht streng genug zu betonen, um wieder das Gefühl zu wecken, daß das Gedicht nicht Prosawort, auch nicht gesteigertes Prosawort, sondern ein völlig anderes Wort ist.«

(Vilma Mönckeberg)

Das Organ der Stimme

Atmung — Tönung — Lautung

Das nunmehr anschließende Kapitel ist der Anatomie und Physiologie der Stimme gewidmet. Die Anatomie ist die Lehre vom Bau des Stimmorgans, die Physiologie erforscht die Funktionen seiner Einzelteile. Man kann diese beiden Gebiete auch unter dem Namen Stimmkunde zusammenfassen. Zwischen der praktischen Stimmerziehung und der Stimmkunde bestehen, historisch bedingt durch die verschiedene Entwicklung der beiden Gebiete, vielfach noch Mißverständnisse. Die künstlerische Gesangs- und Sprechausbildung sieht in der Beschäftigung mit der vorwiegend analytisch-beschreibenden medizinischen Hilfswissenschaft eher eine Hemmung als eine Förderung. Daher kann man auch heute noch öfters die Meinung hören, dem angehenden Sänger oder Sprecher sei mit diesen Erörterungen über Bau und Funktion des Stimmapparates kaum gedient. Sie bildeten für ihn nicht nur eine unnötige Belastung, sondern sie gefährdeten sogar die natürliche Laut- bzw. Tongestaltung, die nicht im Bewußten, sondern im Unbewußten gründe.

Dieser Einwand läßt sich angesichts der gerade in den letzten Jahrzehnten weiterentwickelten Forschungsergebnisse der Stimmkunde nicht aufrechterhalten. Wäre er berechtigt, dann müßte man aus demselben Grunde auch die Phonetik ablehnen, deren Aufgabe es ja ist, die Gesamtheit der phonatorischen Vorgänge – wie es auch Julius Hey tut – zu beschreiben, um dadurch eine fehlerfreie »Technik« zu vermitteln.

Zwar ist die Phonetik eine junge Wissenschaft, deren Forschungsgegenstand aber klar umgrenzt ist. Er umschließt, nach Hans-Heinrich Wängler[1]), das Sprechen, das Singen, die gestaltende und wirkende, die lebendige Tätigkeit als »energeia« im Gegensatz zur Sprache, zum Gesang, als geschichtlich gewachsenes Kulturprodukt, als »ergon« (W. v. Humboldt). In der angewandten Phonetik kommt die Erforschung musikalischer, akustischer und sprechpsychologischer Probleme, die Darstellung der gewonnenen Erkenntnisse für die Gesangs- und Sprechpraxis und heilpädagogische Unterrichtszwecke hinzu. So hat also die Phonetik eine physikalische, eine physiologische, eine psychologische und auch eine medizinische Seite, die aber stets nur als Betrachtungsweisen desselben Gegebenen, des sprechenden und singenden Einzelmenschen aufgefaßt werden.

---

[1]) Hans-Heinrich Wängler: »Phonetische Grundlegung der Gesangskunde« (s. Literaturverzeichnis).

Diese Zusammenhänge muß der Sprecherzieher kennen, damit die obengenannten Mißverständnisse zugunsten einer fruchtbaren Zusammenarbeit zwischen Theorie und Praxis überwunden werden. Entscheidend für die geistige Einstellung ist die Beziehung zum Menschen.

Die menschliche Stimme ist ihrem Ursprung und Wesen nach Ausdruck des Seelischen, sie führt also den Menschen zu sich selbst und zugleich über sich selbst hinaus. Daher kann man im Grunde auch keine »Stimme bilden«, ohne daß der Mensch innerlich mitreift. Stimm-Bildung heißt, den Schüler durch die Stimme zu seinem eigentlichen Wesen führen, indem sie eine echte Verbindung sucht zwischen dem Bewußtmachen der Stimmvorgänge und der Unbefangenheit des natürlichen Ausdrucks im Erleben.

Wenn man in älteren Stimmbildungslehren die Ausdrücke Stimmapparat, Sprechwerkzeuge findet oder gar vom »Material« der Stimme und vom Mechanismus ihrer Funktion gesprochen wird, so zeigt sich hier eine bedenkliche Abhängigkeit von der materialistisch-mechanistischen Naturerforschung, die letzten Endes weder dem Lebendigen noch der Kunst dient, sondern in unfruchtbarer Spezialisierung endet.

Demgegenüber soll schon die Überschrift dieses Kapitels: »Das Organ der Stimme« auf den größeren Zusammenhang einer leib-seelischen Ganzheit hinweisen, nämlich auf den menschlichen Organismus, dessen lebendiges Glied die Stimme ist. Ja, noch mehr. Ebenso wie die Schrift, der Gang und das Mienenspiel ist auch die Stimme eine charakteristische Ausdrucksgebärde des Menschen. Sie wirkt daher, sei sie Rede oder Gesang, unmittelbar (spontan) auf den Zuhörer und gibt ihrerseits dem hierfür Geschulten diagnostische und therapeutische Erkenntnishilfen an die Hand.

Ist also die Stimme in diesem Sinne eine Ganzheit, so erhebt sich im Hinblick auf die nun folgenden Einzelbetrachtungen die Frage, ob man die bei der Stimmgebung einheitlich wirkenden Faktoren: Atemführung, Stimmbandfunktion und Ton- bzw. Lautbildung aus methodischen Gründen voneinander trennen und für sich behandeln kann? Zwar läßt sich diese Trennung in einer didaktischen Abhandlung nicht vermeiden, sie soll aber möglichst überbrückt werden durch die Gesamtbezeichnung: Atmung – Tönung – Lautung sowie durch die Grundeinstellung zu den fachlichen Fragen.

Die Stimmkunde behandelt die Gesetzmäßigkeit der »Stimme« ganz allgemein und hat erst in zweiter Linie mit dem Sprechen oder Singen zu tun. Es liegt also in der Natur der Sache – und entspricht auch der Auffassung von Julius Hey –, daß bei den nachstehenden Betrachtungen außer der Sprecherziehung auch die Gesangsausbildung mit einbezogen wird.

1. DIE ATMUNG

Wenn auch die Frage, mit welchem der drei Grundfaktoren: Atmung, Tönung, Lautung »theoretisch« begonnen werden soll, berechtigt ist, so erscheint es doch natürlich, die Atmung an den Anfang zu stellen. Nicht nur deswegen, weil der Atem am stärksten in das Physische und Psychische zugleich eingreift, sondern weil ja auch ohne Atemluft weder Singen noch Sprechen möglich ist.

Aber schon hier beginnen die praktischen Probleme. Manche Lehrer beginnen ihren Unterricht gewohnheitsmäßig mit bestimmten Atemübungen, um die Lunge »auszulüften« und eine körperliche Bereitschaft beim Schüler zu erreichen. So schreibt z. B. Franziska Martienssen:

»Es werden nur wenige Schüler sein, deren Atmung von Natur so richtig und für das Singen so brauchbar ist, daß man sich damit begnügen kann, sie ihnen so, wie sie ist, als Einstellung bewußt zu machen ... Bei den meisten Schülern werden vorbereitende Atemstudien von größter Wichtigkeit sein.«

Andere Stimmerzieher, so z. B. Paul Gümmer, warnen gerade in bezug auf die Atemführung vor einer allzufrühen Bewußtmachung der organischen Vorgänge, weil auf diese Weise eher falsche Spannungen erzeugt als echte Abspannungen erreicht werden könnten.

Eine dritte Auffassung geht dahin, die notwendige Ruhestellung und Führung der Atmung (wenigstens im Anfang) durch das Sprechen und Singen weitschwingender Rhythmen und größerer Phrasen organisch wachsen zu lassen. Die hierdurch gewonnene »verlängerte Ausatmung« soll der darauffolgenden Einatmung den natürlichen Impuls geben und somit den Schüler zum Durch- und Weiteratmen zwischen und nach den Phrasen veranlassen. Erst später werden dann bewußte Atem*übungen*, besonders zur Pflege der sog. »Stütze«, eingesetzt.

Welchen Weg man pädagogisch auch wählen wird, das eine steht fest: die Atmung des heutigen Menschen ist weithin gestört, zum mindesten geschwächt und nervlich labil geworden, so daß sie zunächst einmal ruhiggestellt und geordnet werden muß, damit eine einwandfreie, natürliche Tonerzeugung durch gleichmäßigen Luft*strom* (nicht Luftsäule!) möglich wird.

Man sollte daher annehmen, daß die Stimmforschung auf diesem zentralen Gebiet zu einer wissenschaftlich gesicherten Lehrmeinung gekommen wäre. Das ist aber leider nicht der Fall, im Gegenteil: die »Atemlehre« ist mit das umstrittendste Problem der Stimmkunde. Nur einige Fragen seien hier angeführt, die dann im folgenden einzeln behandelt werden sollen:

1. Lassen sich, der Veranlagung nach, männliche und weibliche »Atemtypen« feststellen, oder gibt es andere Gründe dafür, daß manche Menschen zur Brust- bzw. zur Bauchatmung neigen?

2. Kann man überhaupt verschiedene Atemtypen: Hoch-, Tief- oder Zwerchfell-Bauchatmung unterscheiden? Greifen sie bei einer gesunden »Vollatmung« nicht wechselseitig ineinander?

3. Soll man auf die Unterscheidung von Nasen- und Mundatmung Wert legen und welche ist zu bevorzugen?

4. Welche Bedeutung kommt der sog. »Stauatmung« (Stauprinzip) zu? Wie reagieren verschiedene Konstitutionstypen auf sie?

Mögen diese Fragen dem Außenstehenden auch unwichtig erscheinen, jede von ihnen rollt einen Komplex von fachlichen Problemen auf und scheidet die Geister in teils sich bekämpfende Lager. Dennoch bleibt die Hauptfrage: Wie läßt sich eine einwandfreie Atemfunktion erreichen, und auf welche Weise kann sie einer natürlichen Tonerzeugung dienstbar gemacht werden? Hierauf ist zunächst einzugehen.

Der für die gesunde Atemfunktion maßgebende Muskel ist das Zwerchfell (Haupteinatmungsmuskel!). Es ist in seiner Beweglichkeit, in seinem Impuls durch die ungesunde Lebensweise unserer Zeit geschwächt, erschlafft und daher gestört. Da diese Erscheinung heute so allgemein auftritt, muß sich der Stimmerzieher über die Gründe derselben klar sein.

Die in vielen Berufen zwangsläufig sich ergebende Tätigkeit im Sitzen oder gar am Fließband der mechanischen Arbeit, bei der es auf Exaktheit, Willensanspannung und Schnelligkeit ankommt, hat den natürlichen Lebens- und Atemrhythmus »dekompensiert«. Nicht nur insofern, als der von der Natur her geforderte Ausgleich zwischen Spannung und Abspannung (Tätigkeit und Ruhe) kaum mehr möglich ist, sondern auch, weil die Maschinen- oder Schreibtischarbeit den Menschen verstummen läßt. Ein anderer Grund für die mangelnde Zwerchfellfunktion ist dieser: Gerade die gesunden, d. h. die das Lebensgefühl steigernden oder ausgleichenden Gefühlsäußerungen: nicht nur das Atmen, Singen oder Sprechen, sondern auch das Schreien, Lachen, Weinen, Husten, Niesen und Gähnen sind mit Zwerchfellaktivität verbunden bzw. werden durch sie ausgelöst. Daher haben sie eine befreiende, heilende, aber auch »ansteckende« Wirkung wie etwa das Lachen, das Weinen oder das Gähnen. Aber es ist bezeichnend für die immer mehr der Natur sich entfremdende Lebensauffassung der (rund gerechnet) letzten zwei Jahrhunderte, daß in der sog. Gesellschaftskonvention diese Vitalimpulse als »unerzogen« gebrandmarkt worden sind. Man soll diese vielleicht belanglos anmutende Beobachtung nicht unterschätzen. Denn die Folgen dieses oft krampfhaften »Rückstaus« haben nicht nur die Sprechzimmer der Psychotherapeuten gefüllt, sondern machen auch die Arbeit des Stimmerziehers immer schwieriger und verantwortlicher.

Auf was es also beim »Aufbau« der Atmung (und damit der Stimme) zunächst einmal ankommt, ist: den Menschen zu lösen, ihn zur Ruhe kommen zu lassen, um damit die Ordnung des natürlichen Lebensrhythmus nach Möglichkeit wiederherzustellen. Schon das ist bei der nervlichen Unruhe der meisten

Menschen heute gar nicht einfach. Insofern ist die Forderung von Clara Schlaffhorst, die Atmung müsse, wie andere Fähigkeiten auch, geschult werden, berechtigt. Zugleich aber betont sie: »Nicht Atemgymnastik, sondern die ›Kunst des Atmens‹ ist die Losung[1]).«

Und noch ein anderes Wort (von Elly Meier-Denninghoff) sei dem Stimmbildner empfohlen: »Der Atem hat immer recht! Denn mit dem Atem komme ich überall hin, der Atem bewegt mich, er stöbert auf, er ist lebendig in mir und stellt die Beziehung zwischen Körper und Seele wieder her.« In diesem Sinne ist auch der bereits genannte Hinweis zu verstehen, daß der Atem am stärksten in das Physische und Psychische zugleich eingreife.

Diese inneren Zusammenhänge mußten zunächst dargelegt werden, ehe wir uns nun den oben angedeuteten praktischen Fragen der Atemlehre zuwenden. Wir beginnen mit den sog. »Formtypen« der Atmung, weil die meisten Stimmbildungslehren von ihnen ausgehen. Man unterscheidet gewöhnlich Hochatmung, Bauchatmung und Zwerchfell-Flankenatmung, die auch Costo-Abdominalatmung genannt wird.

So gewiß die erstere falsch, ja geradezu schädlich ist und daher die letztere bevorzugt werden muß, so sollte man doch nicht von diesen mehr oder weniger schematisierten »Typen« ausgehen. Denn indem man solche künstlich unterscheidet, beeinträchtigt man die natürliche Funktion. Suchen wir daher eine »belebende«, uns mit Wohlbehagen erfüllende Vollatmung zu erreichen. Dann kommen wir von selbst zur »kombinierten« Atemform, da der wiederhergestellte Vitalimpuls des Zwerchfells die Aktivität der Zwischenrippenmuskeln, der Brustheber, der Lunge, aber auch der Bauchmuskulatur und damit der Flankentätigkeit bewirkt.

Hat man die natürliche Gesetzmäßigkeit des Atmens erst einmal an sich selbst erlebt, dann wird man in allen einseitigen Stimmbildungssystemen nichts anderes sehen können als Verabsolutierungen bestimmter Einzelbewegungen des Atmens, die nur im antagonistischen Zusammenspiel mit anderen ihren Zweck erfüllen. Mag der eine Stimmbildner auf das obengenannte »Stauprinzip« schwören oder andere es bekämpfen, sicher ist, daß es nur einem ganz bestimmt gearteten Konstitutionstyp gemäß ist und dort sogar förderlich sein kann, daß es aber schwere Stimm- und Atemschädigungen hervorrufen kann, wenn es falsch bzw. bei ungünstig Veranlagten (Emphysem, Asthma) angewandt wird.

Dasselbe gilt für die sog. Bauchatmung. Auch dazu neigt die eine Konstitution mehr, die andere weniger. Es hieße daher die Natur in Unnatur verkehren, wollte man, wie dies auch heute noch geschieht, zur »Stärkung« der Bauchmuskulatur dem Schüler einen möglichst hohen Berg von Folianten auf den Unterleib legen und ihn dann »atmen« lassen.

---

1) Vgl.: Leo Kofler, »Die Kunst des Atmens«.

Solche Einseitigkeiten gehen alle von dem materialistischen Mißverständnis aus, als käme es bei der »Atemgymnastik« nur auf die Steigerung der Atemfülle (Kapazität) der Lunge und damit auf die Kräftigung der äußeren Muskulatur an. Viel wichtiger dagegen ist die Elastizität der inneren Atemmuskeln, durch die die ungestörte Funktion der Stimmlippen gefördert wird, so daß der Luftstrom bestmöglich in Klang verarbeitet wird. Eine bewährte Sängerregel heißt: »Der Atemstrom soll nicht lang, sondern langsam sein!« (Martienssen).

Jede falsche, willkürliche Mithilfe der Körpermuskeln, jedes absichtliche Ausdehnen oder Einziehen des Leibes, der Flanken oder der Brust führt nur zu Verkrampfungen und zur »dicken Luft« (Überluftung), durch die die Tonbildung beeinträchtigt wird.

Der natürliche Atemvorgang vollzieht sich viel einfacher und gewissermaßen »von selbst«. Die hierbei tätigen Muskeln sind: das Zwerchfell, die Rippenheber und die äußeren Zwischenrippenmuskeln. Durch das Senken des Zwerchfells wölbt sich die Bauchwand leicht vor, da die Eingeweide nach unten gedrückt werden; die Rippenheber dehnen den Thorax aus und führen zur Brustatmung, und die Zwischenrippenmuskeln weiten die Flanken, wodurch die erstrebte Normal- oder Vollatmung ausgelöst wird.

Viel wichtiger als diese »stoffliche« Seite der Atmung sind andere Erwägungen, die aber viel seltener berücksichtigt werden:

1. Die Atemluft enthält, wie die anderen Elemente: Erde, Wasser, Feuer (Licht), auch materielle und spirituelle Bildekräfte. Ziel der künstlerischen Gestaltung durch Sprechen und Singen ist die Verwandlung (Metamorphose) des Stoffes durch den Geist. Begriffe, wie Luft, Atem, Odem, Pneuma, sollen hier nur kurz die innere Hierarchie der Werte andeuten.

2. Die Atmung ist eine Form des Stoffwechsels, denn sie bewirkt den Austausch zwischen Kohlensäure und Sauerstoff im Blut. Sie tritt somit neben den Stoffwechsel durch die Haut und durch den Darm und bedarf daher entsprechender Pflege. Hier setzt die Atemgymnastik und -therapie ein, die ebenso wie das Singen und Sprechen bei der Behandlung der typischen Zivilisationskrankheiten als Ausgleich von Rhythmusstörungen (Überspannung und Erschlaffung der Nerven- und Organfunktionen) eine immer größere Bedeutung erlangt.

3. Der »natürliche Atemrhythmus« beginnt nicht mit der Einatmung, die unbewußt erfolgen soll, sondern mit der bewußt-aktiven Ausatmung. (Darauf deutet schon hin, daß der neugeborene Säugling sein Erdendasein mit dem Schrei = Ausatmung beginnt!)[1]). Der durch die verlängerte Ausatmung verursachte Sauerstoffhunger des Blutes soll die Einatmung auslösen, wobei der Zwerchfellimpuls vom Atemzentrum innerviert wird. Insofern gewinnt die der Ausatmung folgende Ruhepause eine besondere Bedeutung. Der

---

[1]) Zu den folgenden Ausführungen vergleiche man: Schlaffhorst-Andersen, »Atmung und Stimme«.

Atemrhythmus ist daher von Natur aus nicht zweizeitig: Ein- und Ausatmung, sondern dreizeitig: Ausatmung – Pause – Einatmung.

Dabei vollzieht sich zwischen Lunge und Zwerchfell ein äußerst wichtiger Antagonismus von Spannung, Abspannung und Ruhe:

	Ausatmung	Pause	Einatmung
Lunge:	Zusammenziehung (aktiv)	Ruhe	Ausdehnung (passiv)
Zwerchfell:	Ausdehnung (passiv)	Lockerheit	Zusammenziehung (aktiv)

Oder mit Worten: bei der Einatmung dehnt sich die Lunge, ein an sich (wie ein Sack) lockeres, elastisches Gewebe, passiv aus, um der hereinströmenden, ja man kann sagen: durch den Druckunterschied zwischen Außen- und Brustraum hereinstürzenden Atemluft nachzugeben. Infolgedessen senkt sich das in seiner Ruhelage in zwei Kuppen nach oben gewölbte Zwerchfell aktiv nach unten; es zieht sich zusammen und gibt der sich ausdehnenden Lunge Raum.

Bei der Ausatmung ist die Bewegung umgekehrt. Die Lungenbläschen (Alveolen) ziehen sich aktiv zusammen, stoßen dadurch die Luft wieder aus, während das Zwerchfell, in ganz natürlicher Reflexbewegung, passiv in seine Ruhelage zurückkehrt, indem es sich ausdehnt.

In der nun folgenden Pause sind Lunge und Zwerchfell in Ruhestellung bzw. in Lockerheit; die antagonistische Bewegung ist also ausgeglichen.

Ehe wir auf diesen, für die Stimmbildung und -hygiene (Atemtherapie) gleichwichtigen Naturrhythmus weiter eingehen, sei noch kurz der anatomische Bau sowie die physiologische Funktion des Atemorgans erwähnt. Die Atemluft strömt durch Mund, Nasenhöhle und Schlund (Pharynx) und weiter durch Kehlkopf (Larynx) und Luftröhre (Trachea) in die Verästelung der Bronchien (»Bronchialbaum«) und Bläschen (Alveolen) der Lunge ein. Die beiden Lungenflügel, die in das Brustfell (Pleura) eingehüllt sind, füllen mit Herz und Speiseröhre den Brustkorb (Thorax) aus. Dieser wird durch das Zwerchfell (Diaphragma) von der Bauchhöhle und den darin liegenden Organen getrennt. Das Zwerchfell, eine muskulöse Haut – deren Bewegung ohne bewußten Willensimpuls erfolgt –, ist vorne ziemlich hoch am Brustbein angewachsen und wölbt sich, in seiner Ruhestellung, in zwei Kuppen schräg nach hinten und unten bis zu den letzten »falschen Rippen«.

Um die Atembewegung zu stärken – und damit kommen wir auf deren Naturrhythmus zurück –, bedient man sich besonderer Atemübungen. Diese sollen, dem oben Gesagten zufolge, nicht (wie üblich) mit der Einatmung, sondern mit der aktiven Ausatmung begonnen werden. Dabei ist jedes Anhalten und Stauen nach der Einatmung mit äußerster Vorsicht zu üben, nicht nur der gesundheitlichen Gefahren (Emphysem, Asthma!) wegen, sondern auch, um jedes Pressen und jede Überstütze des Stimmklanges zu vermeiden. Die beste Hilfe zur einwandfreien Funktion der Stimmlippen ist die »tönende Ausatmung« auf irgendeinen Reibelaut oder Klinger. Nur so wird ein übertriebenes »Training« ausgeschaltet[1]).

Noch eine dritte Frage hatten wir oben angeschnitten: Soll man die Nasen- oder Mundatmung bevorzugen? Als ruhige, vorbereitende Einatmung ist auf jeden Fall erstere vorzuziehen, da sie die Tiefatmung fördert und außerdem die Luft reinigt und vorwärmt. (Bewährte Vorstellung: man riecht an einer Rose!) Auch gegen die gleichzeitige Mund- und Nasenatmung ist nichts einzuwenden; sie sei vor allem bei kurzen Phraseneinschnitten empfohlen. Dagegen bekämpfe man energisch die heute so oft zu beobachtende hastige Mundatmung, weil sie auf die Dauer nervlich schwächt und die Stimmbänder schädigt.

Als ausgesprochene Atemfehler bezeichnet Paul Lohmann (in seinem Buch »Stimmfehler – Stimmberatung«):

1. zu kurzer Atem,
2. unruhige Atemgebung,
3. schlechte Atembalance (mit den gegensätzlichen Fehlern des »Überstützens« und der »wilden Luft«),
4. fehlendes Appoggio (Stütze).

Und damit kommen wir zum letzten, aber wichtigen Gebiet der Atemführung: zur Atemstütze (Appoggio = Hineinlehnen). Zwar ergeben sich auch hier wieder die gleichen Schwierigkeiten: der Mangel an einheitlicher Begriffsbestimmung und Handhabung, die Gefahr der Bewußtmachung und vor allem die Tatsache, daß man auf das Zwerchfell nur indirekt einwirken kann. Dennoch kommt gerade der sorgsamen Pflege der Atemstütze eine besondere Bedeutung zu. Durch sie wird der Luftstrom so verdichtet, daß er den nötigen Innendruck erhält, um als »erregende Kraft« die Stimmlippen zum Widerstand zu veranlassen und sie einwandfrei zur Funktion zu bringen.

---

[1]) Da es sich hierbei um eine pädagogische und künstlerische Kernfrage handelt, so sei der Übung als Exercitium oder als meditatives Training noch eine kurze Betrachtung gewidmet. Denn beim Üben geht es nicht nur um die Beobachtung bestimmter Regeln, sondern um geistige Sinnerfassung durch Selbstdisziplin. Übung als Exercitium muß daher immer von der Konzentration und Versenkung ausgehen. Sie erfordert, um fruchtbar sein zu können, ein klares Ziel, denn nur so läßt sich die notwendige Kraftökonomie erreichen. Nur regelmäßiges Üben stärkt die Funktion und veredelt den Stimmklang. »Der künstlerische Sinn kann nur am leiblichen Sinn sich bilden, nicht am Begriff« (Martienssen). Daher suche man sich »stehende«, d. h. täglich auszuführende Grundübungen, die dann fortschreitend aufgebaut und zu bestimmten Spezialübungen zur Überwindung von Stimmschwächen und Indispositionen weitergeführt werden können.

Die richtige Atemstütze beruht auf einem gelösten Wechselspiel zwischen tiefgestelltem Zwerchfell und leicht gehobener Brustmuskulatur (Einatmungsstellung!). Aus diesem Grunde unterscheidet man auch die Zwerchfellstütze von der Bruststütze.

Es gehört lange Erfahrung und konzentrierte Selbstkontrolle durch den Tonsinn dazu, um die gestützte Ton- oder Lautgebung von der ungestützten unterscheiden zu können. Und nicht nur hierzu: das innere Hören ist für das Erlauschen der »geistigen Seite« (von der gesprochen wurde) entscheidend. In seinem aufschlußreichen Buch »Zen in der Kunst des Bogenschießens« gemahnt uns Eugen Herrigel an die weisen Erkenntnisse ostasiatischer Kulturen: »Ich lernte, mich so unbekümmert in die Atmung zu verlieren, daß ich zuweilen das Gefühl hatte, nicht selbst zu atmen, sondern, so seltsam dies auch klingen mag, geatmet zu werden.« Und: »Das Einatmen bindet und verbindet, im Festhalten des Atems geschieht alles Rechte, und das Ausatmen löst und vollendet, indem es alle Beschränkung überwindet«.

Erinnern wir uns bei diesen Worten an Goethes dichterischen Ausspruch:

Im Atemholen sind zweierlei Gnaden:
Die Luft einziehen, sich ihrer entladen,
Jenes bedrängt, dieses erfrischt,
So wunderbar ist das Leben gemischt.
Du danke Gott, wenn er dich preßt,
Und dank ihm, wenn er dich wieder entläßt.

2. TÖNUNG

Bevor die eigentlichen Kernfragen dieses Abschnittes: Register, Resonanz und Bau des Kehlkopfes besprochen werden, sei kurz erwähnt, daß Julius Hey »drei Faktoren« der Tonbildung unterscheidet. Er geht aus vom Naturton, den man heute »Primärton« nennen würde. Gemeint ist das »rohe« Klangprodukt, das durch die Schwingung der Stimmlippen erzeugt wird, jene völlig absichtslos, fast als »Urlaut« entstehende Stimmäußerung des Brummelns, Krächzens oder Krattelns, die als »Entspannungsübung« vor dem Stimmeinsatz benutzt werden kann.

Aus ihm heraus – »gleichviel, ob naturwidrig beeinflußt oder nicht«, sagt Hey – wird der Normalton entwickelt, bei dem die physiologische Tätigkeit der Organe in ihren klangerzeugenden und klangbildenden Funktionen bereits korrigiert und gefestigt sein muß. Bis der Schüler endlich zum Idealton gelangt, »welcher als Inbegriff der vollkommenen Klangschönheit des Tons zu gelten hat«.

Der Begriff der Klangschönheit hat sich zu allen Zeiten gewandelt; er hängt eng mit dem »Kunstwollen« der betreffenden Epoche, d. h. mit der erstrebten Ausdrucksgestalt zusammen. Das gilt für das Sprechen ebenso wie für das Singen.

Aus diesem Grunde haben sich auch die Theoretiker und Praktiker bisher nie ganz über die Auffassung der Klangphänomene: Register und Resonanz einigen können. Und doch gehört die Lösung dieser Fragen mit zur entscheidenden Voraussetzung der Stimmerziehung.

»Die Überzeugung, daß die Register der Stimme aufs engste mit dem Stimmeinsatz, der Tonstärke und den Resonanzen zusammenhängen, hat in der Praxis zu einer weit innigeren und bewußteren Verbindung dieser Dinge geführt, als sie früher gelehrt wurde.« (Martienssen)

Eine klare physiologische Umschreibung des Registerklangphänomens gibt Paul Nitsche in seinem Buch »Pflege der Kinderstimme«:

»Nun besitzt der Kehlkopf zwei Spannungsmöglichkeiten für die Stimmbänder. Der Querspanner spannt die Stimmbänder in ihrer Breite und läßt sie in ihrer ganzen Masse schwingen. Der Längsspanner spannt sie in ihrer Länge, verdünnt sie dadurch und bringt die verdünnten Ränder zum Schwingen. Es entstehen Töne verschiedener Klangfarbe, deren Bereiche man als Register bezeichnet.«

Der Klangunterschied der Register beruht also auf der verschiedenen Funktion der Stimmbänder. In der Tiefe, beim Bruststimmklang, schwingen die Knorpelteile derselben in voller Breite; man spricht daher von der Vollstimme. In der Höhe dagegen, beim Kopfstimmklang, arbeiten nur die Muskelteile, d. h. die Stimmlippenränder, weswegen man dieses Register Randstimme nennt.

Beim Registerausgleich vollzieht sich also ein »gleitender Umbau« der Konsistenz des Schwingkörpers, nämlich »der inneren Spannungsverhältnisse und damit des Schwingungsverhaltens des musculus vocalis« (Schweinsberg).

Diese Auffassung, die man auch die »funktionale« nennen könnte, hat sich heute so durchgesetzt, daß die alte Anschauung von den getrennten Registerlagen hier nur erwähnt werden soll. Auch sie hat noch eine gewisse Berechtigung insofern, als sich beim »Lagenübergang« der einzelnen Register deutlich hörbare Bruchstellen zeigen. Sie lassen sich durch Übungen ausgleichen.

Hierzu eignet sich besonders eine dritte Einstellung, die als die »klangliche« zu bezeichnen wäre. Denn sie geht primär weder vom Begriff der Lage noch von der Funktion aus, sondern vom »Klanggepräge« der Gesamtstimme. Ein Oben oder Unten gibt es bei dieser Arbeitsweise nicht mehr, denn jede Registerfärbung (das heißt »Klanggepräge«!) ist in jeder Lage möglich. Es bedarf nur eines guten Zusammenspiels der drei Faktoren: Einsatz, Tonstärke und Resonanz.

Um dieses zu erreichen, schlägt Franziska Martienssen folgenden Weg vor:

1. Bruststimme: nach oben sehr begrenzter, tiefer Stimmbereich in vollem Forteton. Zur Kontrolle der Brustresonanz (Stimmfremitus) lege man die Hand auf den Thorax. Als Einsatzübung benutze man die Worte:
»Alles ist aus!«

2. Mittelstimme: leichter Resonanzton in mittlerer Stärke, mit dem Oberklang der hellen Vokale. Einsatzübung: *»Ida, Eva, warum eilt ihr so?«*

3. Kopfstimme: angehauchter Pianoton, vom Ursprung der dunklen Vokale aus gedacht. Einsatz: *»O du«* oder *»Hubert, Hüon, Lilli, Leo* usw.

Diese Übungen führen nun zum zweiten Aufgabengebiet der Tönung: zur Resonanz. An sich ist sie eng mit den Registern verbunden und wird nur aus methodischen Gründen gesondert besprochen. Zunächst einige sachliche Vorbemerkungen:

»Resonanz« bedeutet, physikalisch betrachtet, das Mitschwingen der luftgefüllten Hohlräume unseres Körpers (Höhlenvibration) und deren Wandungen (Knochenresonanz). Man unterscheidet daher, je nach den mitschwingenden Räumen, die Unter- oder Brustresonanz von der Ober- oder Kopfresonanz. Auch die Bezeichnung subglottale (unter den Stimmbändern) und superglottale (über den Stimmbändern) Resonanz ist dafür gebräuchlich. Ferner: durch die Resonanz wird der am Stimmband erzeugte Primärton, der, wie etwa bei einem Rohrblattinstrument, an sich quäkend und klangarm ist, verstärkt, veredelt und abgerundet. Dieser Prozeß vollzieht sich in den Schallräumen, vor allem vermittels der Kopfstimme, durch intensive Einsatz- oder Ansatzübungen. Deswegen heißen die gesamten Kopfschallräume auch Ansatzrohr.

Es lassen sich drei Formen des Einsatzes unterscheiden:

1. Der harte Einsatz oder »Glottisschlag«, der, infolge des Luftüberdrucks, durch plötzliches Aufsprengen der vorher fest geschlossenen Stimmlippen zustande kommt. Er ist, da er schädlich wirkt und zu unschöner Tonerzeugung führt, möglichst zu vermeiden. Höchstens in methodisch oder musikalisch besonderen Fällen kann er vorsichtig zur Anwendung kommen.

2. Der weiche Einsatz. Er wird durch eine locker und doch intensiv angesetzte Verwendung der Klinger oder eines »gedachten« H-Lautes erreicht und gilt als Ziel jeder sorgsamen Stimmpflege.

3. Der gehauchte Einsatz, bei Wörtern wie *Hafen*, *Heil* usw., die also mit einem H beginnen. Er verlangt Zurückhaltung beim Üben, damit der nachfolgende Vokal nicht hauchig wird. Das geschieht, wenn durch mangelnden Stimmbandschluß »wilde« Nebenluft mitausströmt.

Diese Ausführungen zeigen deutlich, wie sehr es beim Öffnen der Resonanzen auf das Zusammenspiel von Einsatz und Tonstärke ankommt (s. o.). Ein guter Toneinsatz vermittelt am ehesten einen guten Tonsitz.

Der Begriff »Sitz der Stimme« gehört zu jenen bildhaften Vorstellungshilfen (Fiktionen), deren sich die Stimmerzieher üblicherweise bedienen. Im selben Sinne spricht man auch vom »Anschlags«punkt eines Vokals, von Maske, Deckung oder auch von flacher, enger bzw. weiter Tongebung. Ob diese Vorstellungen wirklich helfen oder gar stören – wie etwa die Unterscheidung von »hohen« und »tiefen« Tönen, die phonatorisch keinerlei Berechtigung hat!–, mag in der Praxis ausprobiert werden. Jedenfalls haben sie sich derart eingebürgert, daß zwar über die Auswahl der Bilder gestritten wird, nicht aber über deren Zweckmäßigkeit und Notwendigkeit. Was allerdings mit solchen Bildvorstellungen als Hilfsbegriffe gemeint wird, steht keineswegs fest.

Eine ebenso umstrittene Frage ist die Verwendung der Nasenresonanz zur Förderung des Tonsitzes. Man denke an die Nasallaute im Französischen: *Nantes, non*, oder an Fremdwörter wie: *Terrain, Ballon* usw. Zugegeben, daß es diese Laute im Deutschen nicht gibt, auch daß sie, falsch angewandt, zum »Näseln« (eine der scheußlichsten Lautverbildungen) verleiten können: Trotzdem wird der Stimmerzieher nicht ohne Erziehung zur richtigen Nasalresonanz auskommen. Sie besteht im wohlabgewogenen Ausgleich zwischen Nasen- und Mundresonanz. Als bewährte Übhilfen bieten sich hier die Wortpaare: *train – Träne, Nantes – Naht* oder auch *non – Not* an. Durch den langsamen, abtastenden Übergang von der einen zur anderen Resonanzform suche man die rechte »Mischung« beider Vokalklänge, zugleich aber auch den Kern, die Substanz des Lautes oder Tones zu erreichen. Und damit wird der »Sitz« der Stimme gefördert!

Das Kapitel Tönung kann nicht abgeschlossen werden ohne Hinweis auf den Bau des eigentlichen »Stimmorgans«. In vielen Stimmbildungslehren wird die Anatomie des Kehlkopfs sogar an den Anfang gestellt, um den Schüler möglichst frühzeitig mit seinem »Instrument« vertraut zu machen. Denn der Sänger und Sprecher ist ja nicht, wie der Pianist oder Geiger, nur Instrumentalist, sondern zugleich auch Instrumentenbauer seines Organs. Und dazu braucht er entsprechende Kenntnisse.

Am wichtigsten für die Tonerzeugung innerhalb des Kehlkopfes sind die Stimmbänder. Sie werden auch Stimmlippen, Glottis oder Schwingkörper genannt. Es sind anderthalb Zentimeter lange, von vorne nach hinten gelagerte Schleimhautfalten, mit einem Kern von Muskelgewebe. Die Stimmlippen sind vorne im Kehlkopf festgewachsen, hinten dagegen nur mit zwei beweglichen Knorpelpyramiden in Dreiecksform, den sog. Stellknorpeln verbunden. Diese sind beweglich und können die Stimmbänder öffnen und schließen, spannen und lockern, indem sie nach rückwärts Spannbewegungen und nach seitwärts Kippbewegungen auszuführen imstande sind.

Beim Stimmbandschluß unterscheidet man die Stimmritze und die Knorpelritze. In der Atem- und Ruhestellung sind beide weit, fast in der Form eines

Fünfecks, geöffnet, in der Phonationsstellung (Tönung) beide geschlossen. (Beim Flüstern ist nur die Stimmritze geschlossen, die Knorpelritze dagegen geöffnet[1]).

Oberhalb der Stimmlippen befinden sich die sog. »Morgagnischen Taschen« – nach dem im 18. Jahrhundert lebenden, italienischen Arzt und Begründer der Pathologischen Anatomie Morgagni benannt –, in denen die »falschen Stimmlippen« oder Taschenbänder liegen. Ihre Aufgabe ist es, die echten Stimmbänder durch Drüsenabsonderung feucht zu halten und sie vor Fremdkörpern zu schützen.

Die Stimmlippen sind keine selbsttätigen Schallgeber (wie die Saiten eines Streichinstrumentes oder wie die Glocken), sondern nur elastische Schwingkörper. Im raschen Wechsel von Öffnen und Schließen der Ränder verwandeln sie (ähnlich der Polsterpfeife) den Luftstrom in periodische Stöße und erzeugen dadurch die Schallwellen, die sich konzentrisch in die Resonanzräume fortpflanzen. Die Höhe eines Tones hängt ab von der Länge, Masse und Spannung der Schwingkörper, die Lautstärke dagegen vom Druck des Luftstromes.

Unter der Glottis befindet sich die Luftröhre, auf deren erweiterten Knorpelringen sich der die Stimmbänder umhüllende Kehlkopf aufbaut. Er ist durch freischwingende Muskeln oben am Zungenbein, unten am Brustbein aufgehängt und kann sich bis zu vier Zentimeter auf- und abbewegen.

Der Kehlkopf besteht aus mehreren, zueinander beweglichen Knorpeln, deren wichtigster der vorn liegende, ihn schützende Schildknorpel ist. Seine vordere Kante ist als der sog. »Adamsapfel« (vor allem bei Männern) sichtbar. Unter diesem läuft, auch zum Schutze des Kehlkopfs, der Ringknorpel herum: vorne schmal, nach hinten abgeplattet, dem Aussehen nach einem Siegelring ähnlich. Daher sein Name.

Den Abschluß nach oben bildet der Kehlkopfdeckel. Er schützt durch Schließbewegungen die Glottis vor Fremdkörpern, vor allem beim Schlucken, denn Speise- und Luftröhre liegen unmittelbar hintereinander.

So einfach der Kehlkopf gebaut ist, so zweckmäßig ist alles auf seine Funktion hin eingerichtet. Wer je mit Hilfe eines Kehlkopfspiegels ins Innere dieses Organs geschaut hat, wird von der Formschönheit seiner einzelnen Teile überrascht sein. Besonders eindrucksvoll sind auch die neuesten Methoden der Stimmuntersuchung (elektroakustische Apparate, Stroboskopie des Kehlkopfs, Röntgenaufnahmen usw.). Sie vermitteln, im Gegensatz zu den üblichen Kehlkopfspiegelbildern, die nur die makroskopisch sichtbaren, mehr mechanischen Organveränderungen erkennen lassen, feinste Beobachtungen der Stimmgebung und Registerarbeit, was für die Korrektur von Stimmfehlern und daher zur einwandfreien Tonbildung wichtig ist.

---

[1]) Ist der Stimmbandschluß nicht einwandfrei infolge Erkältungsentzündung (Rötung, Schwellung der Stimmlippen) oder bedingt durch »Stimmbandknötchen«, so klingt die Stimme heiser.

3. LAUTUNG

Die Verwandlung vom Elementaren zum Geistigen geschieht durch den Laut. »Wenn das Wort zum Element kommt, vollzieht sich das Wunder«, sagte Ricarda Huch einmal. Die deutsche Sprache kennt die sinnverwandte Beziehung zwischen Laut und Läuterung bzw. »lauter« = rein, also zum Ethischen hin.

Und wie die Sprache aus tieferen »Schichten« bis zur Begriffssprache aufsteigt (wovon noch zu sprechen ist), so gründet auch der Laut als »Urgebärde» noch ganz im naturhaften Ausdrucksbedürfnis des Menschen: im Schrei, im Stöhnen oder im Jauchzen. Da ist Ton und Laut, Singen und Sagen, noch eins. Kosmische Verbundenheit und Lebensgefühl, bis zur Triebhaftigkeit, klingen ineinander, und doch: selbst in dieser Wesensschicht ist die menschliche Lautgebärde eine genuin andere als die des Tieres.

Denn auch das Tier bringt Laute hervor, als Ausdruck von Erregungszuständen, von Schmerz oder Angst, als Mittel zur Gattenwahl oder als Warnung vor Gefahr. Selbst als kollektive Klanggebärde (blöken, muhen, schnattern, gackern) bleibt die tierische Lautgebung dem Nest- und Herdengefühl als biologisch Umhüllendes verbunden[1]).

Indessen: Durch Sprache und Gesang unterscheidet sich der Mensch ebenso vom Tier wie durch seinen aufrechten Gang und durch den Gebrauch der Hand[2]). Hierin offenbart sich auch der obengenannte Zusammenhang zwischen Stimme, Schrift und Gang als Ausdruck seiner geistigen Persönlichkeit. Nur der Mensch kennt das Wort. In ihm vermag er die Dinge zu benennen und das Chaos der Umwelt zum Kosmos seines Weltbildes zu ordnen. Und damit kommen wir auf die Frage der Sprachschichten zurück.

---

1) Die Psychotherapie kennt diese biologischen Zusammenhänge auch noch in ihrer Bedeutung für die menschliche Stimmgebung. Wie viele Stimmstörungen, vor allem das Stottern bei Jugendlichen, beruhen heute auf der zeitbedingten Gefährdung der Heim- und Familienverhältnisse! – Mit der biologischen Grundschicht der Sprache hängt andererseits auch zusammen, daß die Tierlaute und die kindlichen Tiernamen der Sprecherziehung wertvolle Hilfen geben, z. B. *Miau, I-ah, Muh, Böh, Bäh, Kikeriki, Quaquaquak.* Ebenso: *Eia* = streicheln, *bi-bi-bi* = locken, *ks-ks-ks* = necken und *sch* = scheuchen, wegjagen. (Vgl. dazu: Chr. Winkler, a. a. O. S. 58.)

2) Dazu: Jakob Grimm, a. a. O. S. 175: »Die Sprache ist dem Menschen weder angeboren noch anerschaffen, und in allen ihren Leistungen und Erfolgen kann sie mit der Tierstimme nicht gleichgesetzt werden: nur eines müssen beide miteinander einigermaßen gemein haben, die ihnen unterliegende, notwendig durch den erschaffenen Leib bedingte Grundlage ... Das Tier bringt einzelne ähnliche Laute wie der Mensch hervor, dieser vermag sie weit reicher und allseitiger zu entfalten. Das geordnete Entfalten der Laute heißt uns gliedern, artikulieren, und die Menschensprache erscheint eine gegliederte. Wesentlich aber hängt diese Lautgliederung ab von dem aufrechten Gang und Stand der Menschen, vermöge dessen sie die einzelnen Laute ruhig und gemessen vernehmen lassen können, während die Tiere zur Erde gebückt sind.«

Theodor Spira unterscheidet drei Sphären der Sprache: die der Verständigung, die des künstlerischen Ausdrucks und die Verkündigungssprache. In ihnen dokumentieren sich Stufen des Geistigen.

Einen anderen, genetischen »Aufbau« zeigt die moderne Sprachforschung durch den Gegensatz von Lautpantomime und Wortsprache auf: »Jene gehört den unterbewußten, subkortikalen Vorgängen an, die ihren Ursprung im Stammhirn haben, diese dagegen ist an die Hirnrinde, die Kortex, gebunden, den Sitz der bewußten seelischen Abläufe.« (M. Aschenbrenner.) Daß es sich bei den lautpantomimischen Gesten und Gebärden wirklich um allgemeingültige, menschliche Ausdrucksformen handelt, die auf Empfindungen beruhen, hat gerade dieser Forscher in seinem bedeutsamen Werk »Gestalt und Leben der Sprache« durch den Vergleich in zahlreichen Weltsprachen nachgewiesen.

Zu ähnlichen Ergebnissen kommt Egon Fenz, die hier in einigen Beispielen angeführt werden sollen, weil auch Julius Hey in seiner »Lautlehre« bereits auf diese Zusammenhänge hinweist:

1. Der Laut S bezeichnet im wesentlichen etwas Durchdringendes, Einschneidendes: *Sense, Sichel, Säge, Sonde, essen, beißen;*
2. das K deutet auf eine richtungsverändernde Kraft: *Knick, Ecke, Winkel, Gelenk, Kehre, Kurve* hin und
3. das M drückt Verbindendes, Abrundendes aus: *Mulm, Mehl, mahlen, Müll, Menge* usw.

Das Entscheidende dieser Betrachtungsart ist, daß sich der S i n n der Wörter jeweils mit der l e i b l i c h e n Artikulationsstellung der betreffenden Laute im Phonetischen deckt. Um bei dem eben angeführten Beispiel zu bleiben: S – K – M sind Zungen-, Gaumen- und Lippenlaute; ihre »Aussprache« untersteht der natürlichen Gesetzmäßigkeit der Streckung, Zusammenziehung und Lockerheit, auf das bereits mehrfach hingewiesen worden ist.

Auch die V o k a l e (U = Lippenlaut, A = Rachenlaut und I = Zungenlaut) ordnen sich dem gleichen Gesetz unter:

1. U = Zusammenziehung. Es bezeichnet das Runde, Geschlossene, Umfangene, aber auch das Natur- und Bluthafte.
2. A = Lockerheit, drückt demgegenüber das Offensein, das Gelöste, Lockere aus, aber auch das Sympathische, das Staunen usw.
3. I = Streckung, deutet auf das Strenge, Schmale, Enge, Gipfelhafte, Senkrechte und Gespannte, bis zum Antipathischen und Widersinnigen.

Wieweit diese Gesetzmäßigkeit ins Gesamtphysiologische eingreift, lassen die Betrachtungen über Atmung und Tönung erkennen. In bezug auf die Lautbildung sei hier nur kurz auf den Aufsatz von Hedwig Andersen »Die artikulatorische Gesetzmäßigkeit der deutschen Sprachlaute« (in der Sammlung »Atmung und Stimme«) verwiesen, ebenso auf eine Zusammenstellung, die Paul Nitsche in seiner »Pflege der Kinderstimme« (2. Teil, S. 8) gibt:

Husten –u– erfolgt aus Tiefstand von Zunge–Kehlkopf–Zwerchfell
Lachen –a– erfolgt aus Lockerung von Zunge–Kehlkopf–Zwerchfell
Niesen –i– erfolgt aus Hochstand von Zunge–Kehlkopf–Zwerchfell

Auch die von Josef Kemper (»Stimmpflege«, S. 6 und 22) genannte und praktisch erprobte »Vokalatmung«, der bestimmte Gesetzmäßigkeiten der Vibrationsstellungen zugrunde liegen, ist hier zu nennen. Sie ist von B. M. Leser-Lesario zu einer Heilatemlehre ausgebaut worden, greift also auch – wie oben beim Abschnitt »Atmung« bereits gesagt – ins Physische und Psychische ein.

Alle diese Bemühungen zeigen, wie sehr die heutige Lautforschung (Phonetik) sich von der spezialisierten Stimmphysiologie abwendet, zugunsten einer leibseelischen Ganzheitsbetrachtung[1]).

Dies betrifft nun auch noch die Frage der Lautordnung. Hierzu reicht weder die alte philologisch-grammatische Unterscheidung von Vokalen und Konsonanten noch gar die alphabetische Vokalanordnung aus. Zwar teilt Julius Hey seine Lautlehre auch nach Vokalen und Konsonanten ein, aber er begründet dies ausdrücklich mit deren gegensätzlichen Klangerzeugung: Vokal = Ton, Konsonant = Geräusch. Im übrigen hebt er sowohl bei seiner Vokal- als auch bei seiner Konsonantenanordnung den organischen Zusammenhang der klanggesetzlichen Lautbeziehung untereinander und im Übergang zueinander hervor (S. 19 und 39). Hey vermeidet dadurch die rein mechanistische Anordnung zugunsten des phonetischen Prinzips.

Auf entsprechender Grundlage ist das heute vielfach benutzte »Hellwagsche Vokaldreieck« entwickelt, das hier so interpretiert wird:

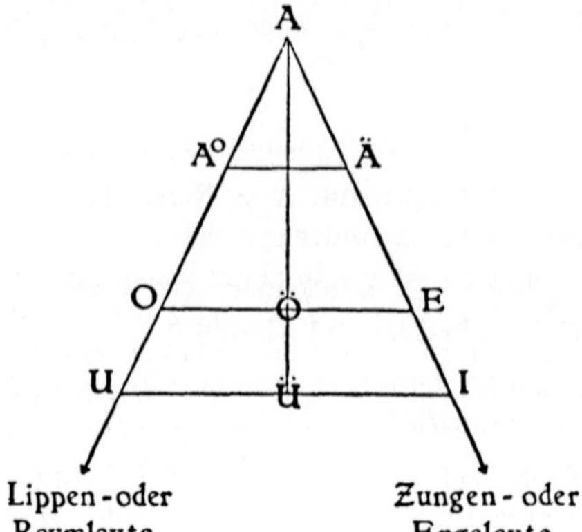

Ausgehend vom Grundlaut: A, der an die Spitze des Dreiecks gesetzt wird, reihen sich die Lippen- oder Raumlaute (A – O – U) auf den einen Dreieckschenkel, die Zungen- oder Engelaute (Ä – E – I) auf den andern. Durch

1) Vgl. auch: E. Jünger, »Sprache und Körperbau«.

Längs- und Querverbindungen ergibt sich die folgerichtige Einbeziehung der Umlaute, so daß nach diesem Schema der sog. »Vokalausgleich« sinnvoll geübt werden kann.

Was indessen bei Hey und Hellwag fehlt, ist eine entsprechende Aufstellung für die Konsonanten, aus der die gesetzmäßige Lautverbindung beider Gruppen sichtbar wird. Folgendes Diagramm hat sich aus der Praxis ergeben:

Vokale	Klinger a) Vollklinger	Klinger b) Halbklinger	Verschlußlaute a) weich	Verschlußlaute b) hart	Reibelaute
I, E	NG	L, R	G	K	CH (vorne) S Z
A	N	J	D	T	H V F CH (hinten)
O, U	M	W	B	P	SCH PF

Hierbei sind die Vokale, Klinger und Mitlaute ihrer phonetischen Verwandtschaft nach (Zungen- bzw. Lippenlaute) als »Felder« einander zugeordnet. Durch Verbindung der Lautgruppen lassen sich, im Sinne von Hey, leicht »Sprechsilben« bilden, z. B.: *ing, eng, ich; an, na, ja, ach; wo, ob, Muh!, Schuh* usw.

Es gibt noch viele andere Versuche solcher Lautsysteme. Ihr Wert ist davon abhängig, ob sie die Bildung der Laute anschaulich machen und deren Ordnung zueinander sinnvoll erscheinen lassen.

Damit hängt auch die umstrittene Frage der Lautbenennung zusammen. Es finden sich die verschiedensten, sich teils sogar widersprechenden Einteilungen und Bezeichnungen, von denen hier nur einige Beispiele (auch der üblichen Sprachungetüme) gegeben werden sollen: Dauergeräusche, Drücker, Klanglaute, Geräuschlaute oder gar Zungenspitzenzitterlaut (R), dem der Vordergaumenverschluß- oder Zahnfleischlaut (L) gegenübergestellt wird. Grundsätzlich gibt es nur zwei Prinzipien der Benennung: entweder die nach den Phonationsstellungen – man könnte sie auch die optische nennen –, also etwa: Lippen-, Zahn- und Gaumenlaute oder die akustische nach dem Phonationsklang (Schallform): Klinger, Reibelaute und Verschlußlaute. Dieses Prinzip hat Julius Hey in seiner Lautlehre benutzt; es ist das einfachste. Daher ist es auch in dieser Neuausgabe wiederhergestellt worden. Dies scheint um so mehr berechtigt, als sich auch Th. Siebs' Einteilungsprinzip: Reine Stimmlaute, Reine Geräuschlaute und Stimmhafte Geräuschlaute, nicht eindeutig durchzusetzen vermochte.

Damit sei das Kapitel »Lautordnung« abgeschlossen; es folgen nur noch einige Bemerkungen über Hochsprache und Mundart.

Entsprechend den Bestrebungen, die Rechtschreibung in verbindliche Regeln zu fassen (Duden), hat man sich, ausgehend von der Bühnensprache, schon frühzeitig um ebenso verbindliche Regeln der Rechtlautung bemüht.

In seinen 1803 erschienenen »Regeln für Schauspieler« hat Goethe gefordert, daß sich der Sprecher »von allen Fehlern des Dialektes befreie und eine vollständig reine Aussprache zu erlangen suche«.

Weniger bekannt ist, daß sich selbst der Turnvater Jahn im Jahre 1810 in seinem »Deutschen Volkstum« für eine Gesamtsprache eingesetzt hat. Auch E. M. Arndt tritt für eine »durchgehend gleiche Lautung« ein.

Aber erst im Jahre 1898 bildet sich dann ein von Bühne und Sprachwissenschaft gemeinsam beschickter Ausschuß, aus dessen verantwortungsvoller Zusammenarbeit das klassische, allgemein anerkannte Standardwerk von Th. Siebs »Deutsche Bühnenaussprache« mit allen Regeln der »Hochsprache« hervorgegangen ist.

Es ist selbstverständlich, daß für die Wiedergabe dichterischer Kunstwerke die Hochsprache zu fordern ist. Daneben gibt es aber eine mehr naturgewachsene Mundartdichtung, in der die Muttersprache (Bayrisch, Plattdeutsch, Schwyzerdütsch usw.) ihre eigenständige Berechtigung hat. Denn sie ist letzten Endes die Quelle, aus der die Sprache schöpft, aus der sie sich immer wieder regeneriert; sie ist das »Erbteil, das jeder mitbringt, keiner ganz verleugnen kann« (Geissler). Und so meint Thierfelder mit Recht: »Die Bekämpfung der Mundart als ›niedere‹ Sprachform ist eine Versündigung am Geist der Sprache, denn die Mundart ist das Ursprüngliche, das organisch Gewachsene.« Über das Verhältnis der Mundart zur Hochsprache und Dichtung gibt Chr. Winkler (a. a. O. S. 269) noch einen wichtigen Hinweis: »Der Hauptwert der Mundart liegt in ihrer Unmittelbarkeit, die zumal alle Gefühlswerte ungebrochen offenbart. Man fürchtet, daß alle diese Herzenswärme und Sinnenfülle mit der Mundart schwinde und dann nur das blasse, flache Hochdeutsch der Zeitungen und ›behördlichen Verlautbarungen‹ übrigbleibe. Es gilt offenbar, die Sinnen- und Gefühlswerte der Mundart in die Hochsprache aufzunehmen, und unsere Dichtung beweist, daß das möglich ist.«

Trotzdem ist nicht zu bestreiten, daß die Mundart mehr dem Verfall unterliegt als die Hochsprache. Es treten da oft durch die weitverbreitete »Sprechfaulheit« Vokalverschiebungen auf, wie z. B.: *Abend – Owend; Sonne – Sunn; Leib – Laab ; Wein – Woi; auch – aach; kurz und klein – korz un klää.* Hierher gehört auch das »Nuscheln« (undeutliche Aussprache der Konsonanten) sowie das Verschlucken der Endlaute bzw. -silben: *Gasse – Gaß; Gänse – Gäns; Sprache – Sprach*, oder statt: *ich gebe dir – ich geb der.* Hier könnte man unendlich viel Beispiele nennen, und es macht dem Sprecherzieher große Mühe, diese »Idiome« auszumerzen.

Man folge dabei Goethes entscheidendem Rat, der die »reine und vollständige Aussprache eines jeden Wortes« fordert. »Vollständig aber ist die Aussprache«, so sagt er, »wenn kein Buchstabe eines Wortes unterdrückt wird, sondern wo alle nach ihrem wahren Wert hervorkommen.«

*

Wir kehren zum Ausgangspunkt unserer Betrachtungen zurück. Stimme und Lautgebung sind mehr als nur das Hervorbringen von Schallschwingungen durch die Stimmbänder oder physiologische Einzelbewegungen der Artikulationsorgane. Die Stimme hängt tief zusammen mit dem Bild des Menschen, als ein »ens religiosus«, ein auf seinen Schöpfer bezogenes Wesen. So spricht es Max Picard einmal aus: »Was für ein Angebot an den Menschen ist die Sprache, welch wunderbares Angebot, welche Gnade, durch ein solch lebendigmachendes Lebendiges wie die Sprache Mensch sein zu dürfen.«

In diesem Sinne gibt es nicht nur Sprachkunst, sondern auch »Die Kunst des Sprechens«.

Übungsliteratur für den Unterricht

Die folgende Zusammenstellung der für den Unterricht geeigneten Unterrichtsliteratur bevorzugt deutsche Dichtung aus Vergangenheit und Gegenwart. Autoren anderer Nationen werden nur insoweit mitherangezogen, als ihre Werke in unserem Sprachgebiet bekannt wurden und sie für den Unterricht geeignet sind. Aus der schier unerschöpflichen Fülle der gegebenen Möglichkeiten können hier nur allgemeingehaltene, in der Praxis allerdings erprobte Vorschläge gegeben werden. Die Entscheidung, welches Sprachkunstwerk jeweils unterrichtlich heranzuziehen sei, kann dem Sprecherzieher aus mancherlei Gründen nicht abgenommen werden. Sie hängt ab vom Weg und Ziel des Unterrichts, vom technischen Können und von der geistigen Aufgeschlossenheit des Schülers und nicht zuletzt von der Literaturkenntnis und Unterrichtserfahrung des Lehrers. Er muß sich zudem gerade heute seiner verantwortungsvollen Aufgabe bewußt sein, der jungen, mehr »sachlich« eingestellten Generation durch rechte Auswahl und Begegnung die geistige Verbindung zu bewahren zur hohen Dichtkunst vergangener Epochen.

In der Praxis wird sich der Sprecherzieher selbst einen »Lehrgang« bewährter Unterrichtsbeispiele zusammenstellen, der sich nach den jeweiligen Aufgaben richtet: Schule, Universität, Schauspielschule oder Ausbildung von öffentlichen Rednern, Predigern, Rundfunkansagern oder Telefonistinnen. Diese Auswahl knüpft zweckmäßigerweise an die Lautbildungsübungen und die Sprechverse an, um den Schüler allmählich zum künstlerischen Sprachgefühl des gestaltenden Vortrags als Rezitation hinzuführen.

Über die Regeln der Vortragskunst schreibt Fritz Volbach u. a.: »Jeder Dichter hat seine Eigenart, seinen persönlichen Stil. Ausdruck und Sprache zeigen charakteristische Eigenschaften und Wendungen, an denen wir stets seine Persönlichkeit wiedererkennen ... Auftrag des Vortragenden ist es, diese Eigenart des Dichters dem Hörer zu übermitteln. Das bedeutet aber keineswegs eine völlige Preisgabe der eigenen Persönlichkeit an die des Dichters ... Die Art, wie der Vortragende die Person des Dichters durch sich durchscheinen läßt, nennen wir seine Auffassung. Beidem, dem Dichter und dem Vortragenden, muß ihr Recht werden. Ein zu starkes Betonen der eigenen Persönlichkeit auf Kosten des Dichters ist ebenso verwerflich wie eine zu starke Entäußerung des Persönlichen zugunsten des Dichters. Beides wirkt stillos. Hier das rechte Maß, die richtige Mischung zu treffen, ist Sache des Sprachgefühls und des Geschmacks. Wir sprechen deshalb vom Stilgefühl, das der Sprecher besitzen muß.«

Dieses Sprach- und Stilgefühl kann erst ausgebildet werden, wenn der Schüler die Lautbildungsgesetze phonetisch beherrscht, und zwar durch die Verwendung möglichst verschiedenartiger Unterrichtsliteratur. Hierzu soll die folgende Werkaufstellung Anregungen geben.

Den Anforderungen der Praxis gemäß, wird der Stoff in zwei Gruppen eingeteilt: 1. *Reimdichtung* (Lyrik, Balladen, dramatische Dichtung) und 2. *Prosadichtung* (Märchen, Sagen, Fabeln sowie Auszüge aus Novellen, Romanen und aus dem allgemeinen Schrifttum).

Es sind Einzelwerke, Zyklen und Sammlungen aufgeführt, die entweder meist bekannt sind oder in handlichen Ausgaben durch Buchhandel und Bibliotheken leicht beschafft werden können. Die Auswahl beschränkt sich auf weltliche Dichtung und erhebt keinen Anspruch auf Vollständigkeit.

1. REIMDICHTUNG

a) Lyrik:

Sammlungen: »Deutsche Gedichte«, Insel-Verlag; »Die Ernte«, Verlag Langewiesche & Brandt, Düsseldorf-Leipzig; »Vorgoethische Lyrik«, Beck'sche Verlagsbuchhandlung, München; »Lyrik des Abendlandes« (Von den homerischen Hymnen bis zur Gegenwart), Hanser-Verlag, München.

Neuere Gedichtsammlungen: »Geliebte Verse« (Die schönsten Gedichte aus der ersten Jahrhunderthälfte), Limes-Verlag, Wiesbaden; »Ergriffenes Dasein« (Deutsche Lyrik von 1900 bis 1950), Verlag Langewiesche & Brandt; »Transit« (Lyrikbuch der Jahrhundertmitte), Suhrkamp-Verlag, Frankfurt/M.; »Deutsche Lyrik der Gegenwart«, eine Anthologie, Reclam-Verlag, Stuttgart; »Flügel der Zeit«, Deutsche Gedichte, Fischer-Bücherei, Frankfurt/M.; »Suhrkamp-Texte«.

Einzelne Dichter daraus: Benn, Carossa, Bergengruen, Hesse, Huch, von Hofmannsthal, Jünger, F. G., Werfel, Kästner, Ringelnatz, Zuckmayer, Hausmann, Waggerl, Langgässer, Le Fort, Schröder, R. A., Weinheber.

Einzelwerke:

Goethe: Ein gleiches (Über allen Gipfeln); Wanderers Nachtlied (Der du von dem Himmel bist); An den Mond; Meeres Stille; Gesang der Geister über den Wassern; Prometheus; Rastlose Liebe; Mailied (Zwischen Weizen und Korn); Die Spröde.

Schiller: Des Mädchens Klage; Gruppe aus dem Tartarus.

Eichendorff: Schläft ein Lied; Mondnacht; Frühlingsgruß; Durch; Verschwiegene Liebe; Die Lerche; Der Einsiedler; Der Freund.

Hebbel: Herbstlied; Requiem; Die Weihe der Nacht; An die Jünglinge.

Mörike: Zum neuen Jahr; Fußreise; Der Gärtner; Er ist's; Das verlassene Mägdlein; Verborgenheit; Auf ein altes Bild.

C. F. Meyer: Säerspruch; Der römische Brunnen.

Hölderlin: Hyperions Schicksalslied; An die Parzen; Am Abend; An eine Rose; Gesang des Deutschen; Höhere Menschheit; Abbitte.

Claudius, M.: Der Mensch; Der Säemann; Ach, es ist so dunkel; Wiegenlied (bei Mondlicht zu singen); Die Liebe.

Claudius, H.: Geistliches Lied; Abendlied; Seele; Rodegrütt; Backen blewen (Aus: »Meine geliebten Claudius-Gedichte« von H. Grimm).

Hesse: Der Künstler; Die Schöne; Gang bei Nacht; Der Blütenzweig (Aus: »Musik des Einsamen«, Neue Gedichte).

Seidel, I.: Der Ahorn; Trost; Uralt; Wie eine Saite straff.

Morgenstern (Gedichtbände): Wir fanden einen Pfad; Stufen; Mensch Wanderer; Meine Liebe ist groß wie die weite Welt.

Rilke: Eingang; Ritter; Der Knabe; Zum Einschlafen zu sagen; Herbsttag; Herbst; Vorgefühl; Der Schauende; Liebeslied; Der Panther; Vor lauter Lauschen; Die Blinde.

Waggerl: Krokus; Taubnessel; Vergißmeinnicht; Kamille; Noli me tangere; Klappertopf; Rittersporn; Zittergras (Aus: »Heiteres Herbarium«).

Zyklen:

Goethe: Urworte Orphisch.

Rilke: Duineser Elegien; Die Sonette an Orpheus; Das Stunden-Buch.

Weinheber: Heroische Trilogie.

Langgässer: Laubmann und die Rose.

b) Balladen:

»Sammlung deutscher Balladen von Bürger bis Münchhausen«, Niemeyer-Verlag, Halle; A. Miegel: »Deutsche Balladen«, Eugen Diederichs-Verlag, Jena.

Einzelwerke:

Goethe: Der Fischer; Erlkönig; Der König in Thule; Der Rattenfänger; Das Veilchen.

Schiller: Der Taucher; Die Bürgschaft; Das Lied von der Glocke.

Uhland: Des Sängers Fluch; Der blinde König.

Mörike: Der Feuerreiter.

Miegel: Die Frauen von Nidden.

c) Dramatische Dichtung:

Monologe und Dialoge aus Dramen von Schiller, Goethe, Grillparzer, Shakespeare u. a.

Da die Dichtung der Klassiker hinreichend bekannt ist, erübrigt sich die Aufzählung einzelner Werke. Nur aus Goethes »Faust« seien einige Beispiele genannt:

I. Teil: Zueignung; Prolog im Himmel; Faust-Monolog; Wie alles sich zum Ganzen webt; In Lebensfluten; Osterspaziergang (»Vom Eise befreit«); Gretchen am Spinnrad.

II. Teil: Wenn der Blüten Frühlingsregen (Anfang des 1. Aktes); Dies ist der Jugend edelster Beruf (2. Akt); Laß mich knien, laß mich schauen (Lynceus im 3. Akt); Zum Sehen geboren (Lynceus im 5. Akt); Ein Sumpf zieht zum Gebirge hin (Faust-Monolog im 5. Akt).

2. PROSADICHTUNG

Da die Fülle und die Verwendungsmöglichkeit der Prosa noch viel umfangreicher ist als die der Reimdichtung und die auszuwählenden Werke noch mehr auf das betreffende Ausbildungsziel abgestimmt werden müssen, so sollen die folgenden Vorschläge nur als Quellenhinweise verstanden werden. Die Einbeziehung der Prosadichtung in den Unterricht ist neben anderen Gründen eine gute Vorbereitung auf die »freie Rede«. Der Sprecherzieher wird bald erkennen, daß dem Schüler das Prosalesen viel schwerer fällt als das Gedichtsprechen. Das beginnt schon beim Märchen, das ja nicht vorgelesen, sondern auswendig und lebendig »erzählt« werden soll. Diese Vortragsschwierigkeiten (Hemmungen im Ausdruck und daher Mangel an Konzentration) steigern sich noch bei größeren Lesungen, bei denen die Zuhörer innerlich gepackt mitgehen sollen.

a) Märchen, Sage und Fabel:

Bekannt sind hier die Sammlungen der Gebrüder Grimm (»Kinder- und Hausmärchen«) oder von H. Chr. Andersen (Kunstmärchen). Ferner seien die Kunstmärchen der Klassiker und Romantiker – besonders für die Erwachsenen – empfohlen. Genannt sei noch »Das Märchenbuch von Heute« (erschienen im »Studio Schaffen und Forschen«, Darmstadt), ferner die Märchen und Tiergeschichten von Manfred Kyber und schließlich, für besondere Zwecke, das entzückende Traumbuch »Der kleine Prinz« von A. de Saint-Exupéry.

Für das Gebiet der Sage enthält die Sammlung »Deutsche Heldensage« von W. Grimm genügend Unterrichtsliteratur. Von neueren Dichtern sei noch F. Kayßler erwähnt (»Sagen aus Minheym«, besonders daraus »Das Kind fragt«).

Eine wahre Fundgrube für den Sprecherzieher bilden die Fabeln von Ch. F. Gellert und dem, der Tierfabeln sucht, seien folgende genannt:

Nach *Äsop:* Der Hund im Wasser.

Lessing: Der Strauß; Die Gans; Die Eiche und das Schwein.

Grimm: Frosch und Ochse.

b) Lesestücke aus Novellen, Romanen und Monographien:

Für Novellen und Romane läßt sich kaum eine besondere Auswahl treffen, zumal ja auch nur Auszüge aus den Gesamtwerken in Frage kommen. Von Goethes »Wilhelm Meister« bis zur Moderne gibt es unendlich viele Beispiele; sie setzen indessen eine spezielle Literaturkenntnis voraus. Eine gute Hilfe bietet die Sammlung »Deutsche Erzähler der Gegenwart« (Reclam-Verlag, Stuttgart).

An kleineren Erzählungen seien empfohlen:

Waggerl: Kalendergeschichten.

Hausmann: Martin; Isabel; Andreas.

Abschließend sollen noch einige Monographien vorgeschlagen werden:

Goethe: Granit; Aus der Farbenlehre.

Schiller: Über das Schöne.

Carus: Gedanken über große Kunst (Insel-Bücherei Nr. 96).

Stifter: Vorrede zu »Bunte Steine«.

Novalis: Die Natur.

Kleist: Über das Marionettentheater.

Schrifttum

Da die einschlägige Fachliteratur über Stimmphysiologie, Sprachkunde sowie über Gesangsbildung und Sprecherziehung überaus umfangreich ist, so werden hier nur diejenigen Werke angeführt, die bei der Neubearbeitung des »Kleinen Hey« mit einbezogen worden sind. Vor allem mußte aus Raumgründen auf die Angabe der älteren Standardwerke (Drach, Gutzmann, Lebede, Sievers, Wittsack usw.) verzichtet werden. Dagegen werden einige Gesangsschulen, in denen Hinweise über Atmung, Stimme und Sprachbehandlung zu finden sind, aufgeführt.

Aschenbrenner, Michael, Gestalt und Leben der Sprache, München 1952

Christiansen, Broder, Die kleine Prosaschule, Leipzig 1939

Engels, E., Stimmbildunsglehre, Dresden 1927

Fenz, Egon, Zehn Reden auf das Lebendige, Wien 1943
Kapitel »Vom Mythos der Sprache«

Franz, Arthur, Die Rotenburger Woche. (Bericht über eine Arbeitstagung), Leipzig 1928

Georgiades, Thrasybolos, Musik und Sprache, Berlin-Heidelberg 1954

Gerathewohl, Fritz, Richtiges Deutschsprechen, Heidelberg 1955

Goethe, J. W., Regeln für Schauspieler (1803), Jubiläums-Ausgabe, Band 36, Stuttgart-Berlin o. J.

Goldschmidt, Victor, Unser Alphabet, Heidelberg 1932

Greiner, Albert, Wegweiser durch die Stimmbildung, Mainz o. J.
– Stimmbildung (5 Teile), Mainz 1939

Grimm, Jakob, Auswahl aus den kleinen Schriften, Hamburg 1904
Kapitel: Über den Ursprung der Sprache; Wesen der Tierfabel

Gümmer, Paul, Erziehung der menschlichen Stimme, Kassel 1947

Hartmann, Otto J., Menschenkunde, Frankfurt 1941

Hensel, Olga, Die geistigen Grundlagen des Gesanges, Kassel 1952

Hermann, Karl, Die Technik des Sprechens, Leipzig 1930

Herrigel, Eugen, Zen in der Kunst des Bogenschießens, München 1951

Jünger, Ernst, Lob der Vokale,
– Sprache und Körperbau, Frankfurt 1949

Kayser, Wolfgang, Kleine deutsche Versschule, München 1954

Kemper, Josef, Stimmpflege, Mainz o. J.

Kofler, Leo, Die Kunst des Atmens, Kassel o. J. (20. Aufl.)

Lohmann, Paul, Stimmfehler und Stimmberatung, Mainz 1938

Luchsinger, Richard, Stimmphysiologie und Stimmbildung, Wien 1951

Lützeler, Hans, Philosophie des Kölner Humors, Honnef a. Rh. 1954

Martienssen, Franziska, Das bewußte Singen, Leipzig 1923

Mönckeberg, Vilma, Der Klangleib der Dichtung, Hamburg 1946, I und II

Nitsche, Paul, Die Pflege der Kinderstimme, Mainz 1952 und 1954

Picard, Max, Wort und Wortgeräusch, Hamburg 1953, Furche-Bücherei Nr. 90

Reusch, Fritz, Vorlesungen über Stimmkunde (Manuskript)

Roedemeyer, F. K., Sprechtechnik, Kassel 1929

Schlaffhorst-Andersen, Atmung und Stimme, Wolfenbüttel 1950

Schweinsberg, Fritz, Stimmliche Ausdrucksgestaltung im Dienste der Kirche, Heidelberg 1946

Siebs, Th., Deutsche Bühnenaussprache, Köln 1930 (15. Aufl.)

Siewerth, Gustav, Wort und Bild, Düsseldorf 1952

Wängler, Hans-Heinrich, Phonetische Grundlegung der Gesangskunde? (Aufsatz in der Zeitschrift »Musik im Unterricht«, Heft 4, Mainz, April 1955)

Weller, Maximilian, Das Buch der Redekunst, Düsseldorf 1954

Winkler, Christian, Deutsche Sprechkunde und Sprecherziehung, Düsseldorf 1954